藤田
寛之

上手いゴルフ
賢いゴルフ

HIROYUKI FUJITA

SHUFUNOTOMOSHA

はじめに

ツアープロになって、早いもので20年が過ぎました。長い間コンスタントな成績でシード選手として戦ってきましたが、40歳を過ぎてから9勝を挙げ、昨年は賞金王になってしまったものですから、「アラフォー世代の星」、「中年の星」などと急に崇《あが》められて、本人としては大変戸惑っています。

私以前にも40代で賞金王になった先輩プロはたくさんいますし、なにより私がプロゴルファーになった頃は、あのＡＯＮ（青木・尾崎・中嶋）という圧倒的な強さを誇った40代のカリスマプロが王座に君臨していました。体格に恵まれ、パワーヒッターだったＡＯＮに比べ、ショートゲームでスコアメイクして、20代のパワーヒッターたちと戦う私のプレースタイルが多くの同年代のゴルファーから共感されているのでしょう。最近ではフェイスブックやツイッターで同世代からの励ましの声をいただきます。また、「40歳を超えて、どうして急に強くなったのですか?」という質問をよく聞かれますが、自分でもよく分からないというのが本当のところなのです。

もちろん、若い頃に比べ、当然体力は落ちましたので、それを補おうと以前よりもウェートトレーニングに時間を費やしていますし、多くの失敗から学んだ経験の積み重ねもあります。また、賞金王になったことで、海外のメジャートーナメントに挑戦する機会を与えられ、目標設定が高くなったこともあり、スキルアップに関して、若い頃よりも貪欲になったことも、ここ数年の好調の理由かもしれません。

私はツアーの中では、飛距離もそれほど出るタイプではありませんでした。30代の頃の平均飛距離は約260ヤードで、ランクはいつも100位前後でしたが、飛距離の出る若手が台頭してきた最近では280ヤードを超えるようになりました。クラブやボールの進化もその要因のひとつですが、地道なウェートトレーニングが功を奏したといえるでしょう。

ゴルフファンならば、私の持ち球はフェードボールであるということを知っている方も多いでしょう。最近は飛距離が伸びたことでパワーフェードともてはやされるようになりました。「飛んで曲がらないフェードボール」をレッスンしてくださいというリクエストも多く、その点も含めて今回主婦の友社さんからレッスン書の執筆の機会をいただくことになりました。

私はツアープロですから、皆さんが普段通っている練習場のレッスンプロとは、まったく違う理論を話すかもしれません。ツアープロという職業は常にスキルアップを考え、新しい技術を取り入れているからです。

私自身まだまだゴルフに悩み、発展途上だと思っています。私のスイングは個性的だとも言われます。皆さんがそっくりそのまま真似できるスイングではないでしょう。

しかし、私自身がこれまでの経験やアマチュア時代から守り通してきた基本、普段のラウンドで考えていることは、レベルアップを目指すアマチュアゴルファーにも役立つはずです。本書はスイングメカニズム、飛んで曲がらないドライバーショットからピンに絡むアイアンショット、カップに寄せるアプローチショットやパッティング、それにコース攻略のマネジメントなどを収めた1冊です。

同世代のゴルファーだけでなく、これからゴルフを本格的に始めるゴルファー、そしてシニアゴルファーや最近再び増加傾向が見られる女性ゴルファー、レベルアップを求めるあらゆるゴルファーに読んでいただけることを望んでいます。

シングルを目指している人、100切りを目指している人、目標は人それぞれでしょうが、少しでも皆さんのスコアアップのお役に立てたら幸いです。

藤田寛之

藤田寛之 上手いゴルフ 賢いゴルフ ―目次―

第2章 フェアウェイウッドとアイアンショット

第3章

ショートゲーム

第4章 コースマネジメント

序章

正確無比のフェードボール

HIROYUKI FUJITA

日本ツアーを制したフェードボール

私の身長は１６８センチです。大男揃いのツアープロの中では、小柄の部類に入ります。体格に恵まれたパワーヒッターたちの飛距離と比較すると、その差はかなりあるといえるでしょう。ゴルフはロングショットを放てば、それだけアドバンテージを得られるスポーツですから、飛距離が出ないことは、私のウイークポイントでもありました。

それを補おうと、ジュニア時代からプロになりたての頃までは、少しでも飛距離を稼ぐために、アッパーブローにカチ上げて、フックボールを打ちまくっていました。当時は、パーシモンからメタルウッドの時代になった頃で、ジャンボ尾崎さんが圧倒的な強さで、勝ちまくっていました。超ロングティから放たれるドローボールは、とてつもない飛距離を出していたものです。当然プロ、アマを問わず、日本中のゴルファーがこの打ち方を真似していました。アマチュアだった私もそのひとりでした。余談ですが、ジャンボさんの太いスラックスまで真似たものです。

ドローボールはプロゴルファーでも憧れる球筋です。それほど、打つのが難しいボールともいえるでしょう。私がこのボールを打っていた頃は、大事な場面で左に引っかけてしまったり、真っ直ぐ右へプッシュさせるというミスを繰り返していました。

そんなときに出会ったのが、現在の師匠である芹澤信雄プロでした。芹澤さんは私同様飛距離は出ませんが、シュアなプレースタイルでコンスタントに成績を収め、優勝争いにも常に絡んでいました。そんな師匠にまずいわれたのが、**「左に引っかけるダックフック（左に飛び出し、さらに左に曲がるフック）が出るプロゴルファーは、お金が稼げないよ」**ということでした。この一言がフェードヒッターに転向するきっかけでした。同じツアー仲間の宮本勝昌プロも、私同様ジャンボ尾崎世代でしたので、ドローボールで飛ばしていましたが、やはり芹澤さんの影響でフェードヒッターになり、プロゴルファーとして大成したといっても過言ではないでしょう。

しかし、ドローヒッターからフェードヒッターに転向するというのは、そんなに簡単なことではありません。ジュニアの頃からフック系のボールを打っていた私が真逆のスライス系のボールに１８０度転換させることは、当時かなりの勇気と決断が必要でした。ところが、単に球筋を変えたというよりも、芹澤さんのように**体のターンを主体にしたスイングにしたら、自然にスライス系の球筋が出るようになった**というのが、正直なところです。

体のターンを主体にしたスイングとは、芹澤さんも私もレッスンでよく使うフレーズですが、いわゆる和玩具の「でんでん太鼓」のようなスイングです。体をクルッと回せば、でんでん太鼓のバチにあたる腕は自然に回転します。大きな体重移動を使って、少しでも飛距離を稼ごうとしていた頃と比べると、スイングにも無理がありません。このスイングを半年ほどかけてマスターすることができました。

スライス系のボールのメリットは、フック回転のボールに比べてランが少なく、フェアウェイをキープしやすいことです。このことによりティショットで大事な場面でミスをしていた私にとって、精神的にかなり余裕が出てきました。アイアンショットもグリーンでピタリと止まります。飛距離は出るけど、曲がりの危険も大きいフック回転のボールは、両刃の剣で、特にプレッシャーのかかった状況では、かなりの勇気が必要な球筋です。

ゴルフはメンタル面が大きな比重を占めるスポーツで、不安感、恐怖感がそのままショットに出ます。逆に安心感や余裕がナイスショットを生み出す大きな要因になることは、プロでなくとも、アマチュアの皆さんも誰もが経験しているはずです。この精神的な安心感が感じられるようになって、徐々に優勝もできるようになったのです。賞金王になれたのも、40歳を超えて9勝も勝てたのも、この安定したフェードボールのおかげなのです。

飛んで大きく曲がらないフェードボールを武器に賞金王となった藤田寛之

スライスとフェードは似て非なるもの

フェードボールという球筋は皆さんご存知かと思いますが、ボールに右回転のスピンがかかって真っ直ぐ飛び出し、落ち際でわずかに右に曲がるボールです。皆さんが悩まされているのは、自分の意志に反して、大きく右に曲がっていくスライスボールですが、同じ右に行くボールでも、まったく違う球筋であることを理解してください。ここ数年、飛距離が伸びたことで、パワーフェードと呼ばれている私のボールは、クラブフェースの芯でとらえ、緩やかに右に曲がるボールです。

皆さんの中には、なぜわざわざボールを曲げる必要があるんだという疑問を持たれる方もいるかと思います。確かにアマチュアの皆さんは、練習場で真っ直ぐなボールを打つために練習されている人がほとんどでしょう。しかし、プロであれば、必ずフェードヒッターかドローヒッターの2タイプに分類されます。アマチュアの場合は、それよりも曲がりが大きいので、スライサーかフッカーのどちらかのはずです。**プロレベルでもストレートボールを持ち球にしている人は、私の知る限り皆無**といっていいでしょう。ストレートボールしか打てないというプロがもし仮にいるとしたら、皆さんはすごいゴルファーかと思うでしょうが、私にいわせれば、おそらくそのプロは、ほとんど稼げないゴルファーと断言できます。

というのも、真っ直ぐ飛ばすということは、インパクトでクラブフェースがボールに完璧にスクエアにヒットしなければ、不可能です。人間はマシーンではありませんから、完璧なインパクトでなければ、必ずボールにスライス回転かフック回転がかかります。それよりも、インテンショナル（意図的）にボールにスピンをかけて、曲がりをコントロールしたほうが、狙ったエリアにボールを運びやすいのです。それが私がフェードボールを持ち球にしている理由です。

右に飛び出し、さらに右に曲がっていく重症なスライサーのスイング軌道はアウトサイド・インのカット打ちか、インパクトでクラブフェースが開いた状態でヒットしているか、あるいはボディターンではなく手打ちか、この3つに絞られます。私がフェードボールを打つときには、スライスの原因となるこの3つの動きはしていません。

ボールを芯で捕まえたパワーフェードは、ダウンスイングの軌道でインサイドからクラブが下りてこなくてはいけません。インサイドから下りてこなければ、ボールが捕まらないからです。それでいて、ボールが右方向に出ず、左から緩やかに右に曲がっていくフェードボールになる理由は、体のターンにあります。手打ちではフェードにはならず、弱々しいスライスボールになる差はここにあります。それもインパクト後は急激にインサイドに振り抜くことで、限りなく縦回転に近いスライス回転がかかるのです。もちろん、フェースは開いた状態でヒットせず、逆に閉じようというイメージで打っているほどです。

フェードボールの打ち方を雑誌などで研究されている人もいるかと思いますが、大抵のレッスンは、オープンスタンスに構え、スタンスに沿って、アウトサイド・インに振っていくというものではないでしょうか？　つまり、基本はスライスボールで、その曲がりが少ないのがフェードボールだと認識している人も多いはずです。**私はむしろクローズドスタンスに構えて、フェードボールを打っています。**スタンスは右を向けて、肩は左を向けたクロスしたような構えが、フェードボールを持ち球にしているプロたちの常識になっています。

同じ右回転のスピンがかかった皆さんが普段打っているスライスボールと私たちが打っているフェードボールの違いは、体の回転によってボールを芯で捕らえているかどうかが、決定的に違うということをまず理解してください。

フェードボールは体の回転で生まれる

スライスボールが出る原因は「カット打ち」「フェースが開いている」「手打ち」の3つ。フェードボールを打つには、これらの動きを一切しないことがポイント

引っ掛けスライスからパワーフェードへ

　芹澤プロからのアドバイスによって、フッカーからフェードヒッターに転向し、球筋も安定し、コンスタントに成績を残せるようになりましたが、平均飛距離のランキングは、ずっと１００位前後が定位置で、ツアープロの中では飛ばない部類のプレーヤーでした。それが、２００９年辺りから飛距離が、自分の感覚では20ヤード位は伸び始めました。ちなみに２０１０年には平均飛距離が２８０ヤードを超え、飛距離ランキングが49位まで上がったのです。これは40歳を前にして、スイング改造したことが大きな要因です。

　それまでの私はフェードボールを持ち球にしていましたが、極端な表現をすれば、それはアマチュアの皆さんが打っているスライスボールよりも精度が高いですが、プロの中では弱々しいボールでした。体を早く開いて、クラブフェースも開きながら振り下ろして、インパクトでフェースターンを行い、コントロールしていたのです。

　体を早く開けば、ボールは左に行くことはないし、いわゆるライン出しがしやすいというメリットがあり、正確性の高いスイングでした。ところが、近年の道具の進化に伴い、ドライバーのヘッドが大型化してきたことで重心距離が長くなり、慣性モーメントが大きくなって、フェースコントロールが難しくなってきたのです。クラブフェースを開いて下ろしてくると、そのまま開いたままヒットしてしまい、ボールが捕まらなくなってきたのです。

近年のゴルフクラブはスクエアにヒットさえすれば、真っ直ぐ飛ばせるので、その恩恵によって、飛距離や方向性がアップしたアマチュアの方も多いかと思いますが、それとは逆に、インテンショナルに曲げていたプロゴルファーには曲げづらいクラブになりました。少しでもフェースがズレてヒットすると、ズレたままボールが飛んでいくというのが、今のクラブなのです。

そこで、スイング改造が始まりました。スクエアにヒットして、ボールをしっかり捕まえることがテーマでした。これがいわゆるスライスボールからパワーフェードと呼ばれるボールになり、結果的に40歳にして、飛距離が飛躍的に伸びた理由です。それでは、しっかりボールを捕まえるために、どんな改造をしたか、簡単にご説明しましょう。

フェードボールというのは、スライスボール同様に左に振り抜かなければ、ボールに左回転のスピンはかかりませんでした。以前のフェードボールは目標よりも左を向いたオープンスタンスのアドレスをとっていました。クラブフェースの向きは目標に対してスクエア、そしてスタンスに沿って、左に振り抜いていました。体に対してスイング軌道はインサイド・インですが、目標に対してはアウトサイド・インという軌道です。これはクラブヘッドが大型化する以前の90年代のフェードボールの打ち方なので、実践されたアマチュアの方も多いかと思います。私自身もこうして捕まったフェードボールを打っていました。

そこで、**大型化したクラブヘッドでボールを捕まえるためには、どんなイメージで振ればいいのか試行錯誤する中で、従来のスイングとは真逆のことをやってみたのです。**ダウンスイングからインパクトにかけて、早く体を開いていた動きをやめて、左サイドのカベをイメージし、頭をボールの後ろに残すスイングに変えたのです。すると、ボールが捕まえられるだけではなく、クラブヘッドが走るようになって、ヘッドスピードが2〜3㍍/sほどアップし、結果的に飛距離アップにつながったのです。

いわゆるスライススイングとは180度違うスイングなので、当初はトーナメントでシャンクが飛び出したりと、長い間、苦労もありましたが、ようやくこのスイングを自分のモノにできました。これが、藤田寛之の飛距離が最近アップした理由と賞金王になれた要因かと思います。

40歳を過ぎて急激に飛距離アップした藤田

ドローとフェードのスイングの違い

冒頭でゴルファーはドローヒッターかフェードヒッター、あるいはフッカーかスライサーに必ず大別されると書きました。ストレートヒッターは、プロゴルファーの世界でも皆無といっていいでしょう。私は後者のフェードヒッターですが、ドローヒッターとの違いを皆さんも理解しておく必要があります。フェードヒッターの私でも、風の方向やコース状況、ピンポジションによっては、ドローボールを打つケースもかなりあります。皆さんもレベルアップを望むなら、特に80台のスコアを目指すのであれば、インテンショナルショットを覚える必要がありますので、フック系のボールとスライス系のボールを打つときのスイングの違いを説明しておきましょう。

ドローボールは飛距離が出るボールだといわれています。その理由は巻き込むように打たれた左スピンのボールは落下してからのランが多いのが特徴だからです。反対に正確性重視のフェードボールはランが少なく、フェアウェイに留まる確率が高いボールといえます。しかし、近年流行りのパワーフェードとドローボールのキャリーはほとんど変わらないといってもいいでしょう。つまり、ここ一発飛ばすのならランの出るドロー、確実に平均飛距離を伸ばしたいのであれば、フェードボールという考え方もありです。

では、両者のスイングの違いはというと、まずスイング軌道にあります。私はプロになりたての頃はフッカーでしたから、インサイド・アウトからアウトサイド・インへ大幅に変えました。これはアドレスの向きが大きく左右します。

フック系のボールを打つときは、ボールと目標を結ぶ飛球線に対して肩や腰のラインがスクエアかややクローズで、スタンスはオープンです。反対にスライス系の場合は、肩と腰をオープンにして、スタンスはスクエア、あるいはややオープンに構えます。どちらのボールを打つにも、クラブフェースは目標に対してスクエアに合わせます。皆さんのゴルフの教科書ではスタンスの向きが逆ではないかと思う人もいるかもしれませんが、**フェードはクローズ、ドローはオープンスタンス、これはプロの世界では常識とされています。**

つまり、スタンスと上体のラインはクロスするように構えるのです。スイング軌道を決めるのは、スタンスの向きではなく、肩のラインが決めるのです。フック系は肩を目標よりも右、スライス系は肩を左に向けるのが基本であることを知っておいてください。

肩のラインが右を向けば、クラブヘッドは飛球線よりもインサイドに上がり、インパクト後はアウトサイドに振り抜かれます。これがドロー系のボールを打つ人のインサイド・アウトの軌道で、下からアッパーにカチ上げるスイングになるため、高めのティアップが適しています。反対にフェード系のボールを打つときは、肩のラインを左に向けていますから、バックスイングでクラブはアウトサイドに上がり、インサイドに振り抜かれます。ボールを上からツブすようなイメージです。ですから、昔のフェードを打っていた頃の私のティアップは、かなり低めでした。

ドローヒッターとフェードヒッターのスイングの違いが、はっきりと出るのはフィニッシュです。ドローのときはティアップが高く、インサイド・アウトの軌道でカチ上げますから、フィニッシュは両手が高い位置に収まり、体勢は弓なりの逆Cの形になります。フェードはティアップを低めにして、アウトサイド・インの軌道で、ボールを上からツブすようにヒットしますから、右腰、頭が左足1本に乗っているようなI字型のフィニッシュになります。2つのスイングを比較すると、ドローは体を目一杯使ったフルスイング、フェードは体を素直に回転させているというようなスイングになるかと思います。このスイングメカニズムを理解していれば、インテンショナルショットを打つことはもちろん、ミスショットの原因究明にも役立つはずです。

フェードのフィニッシュはＩ字型

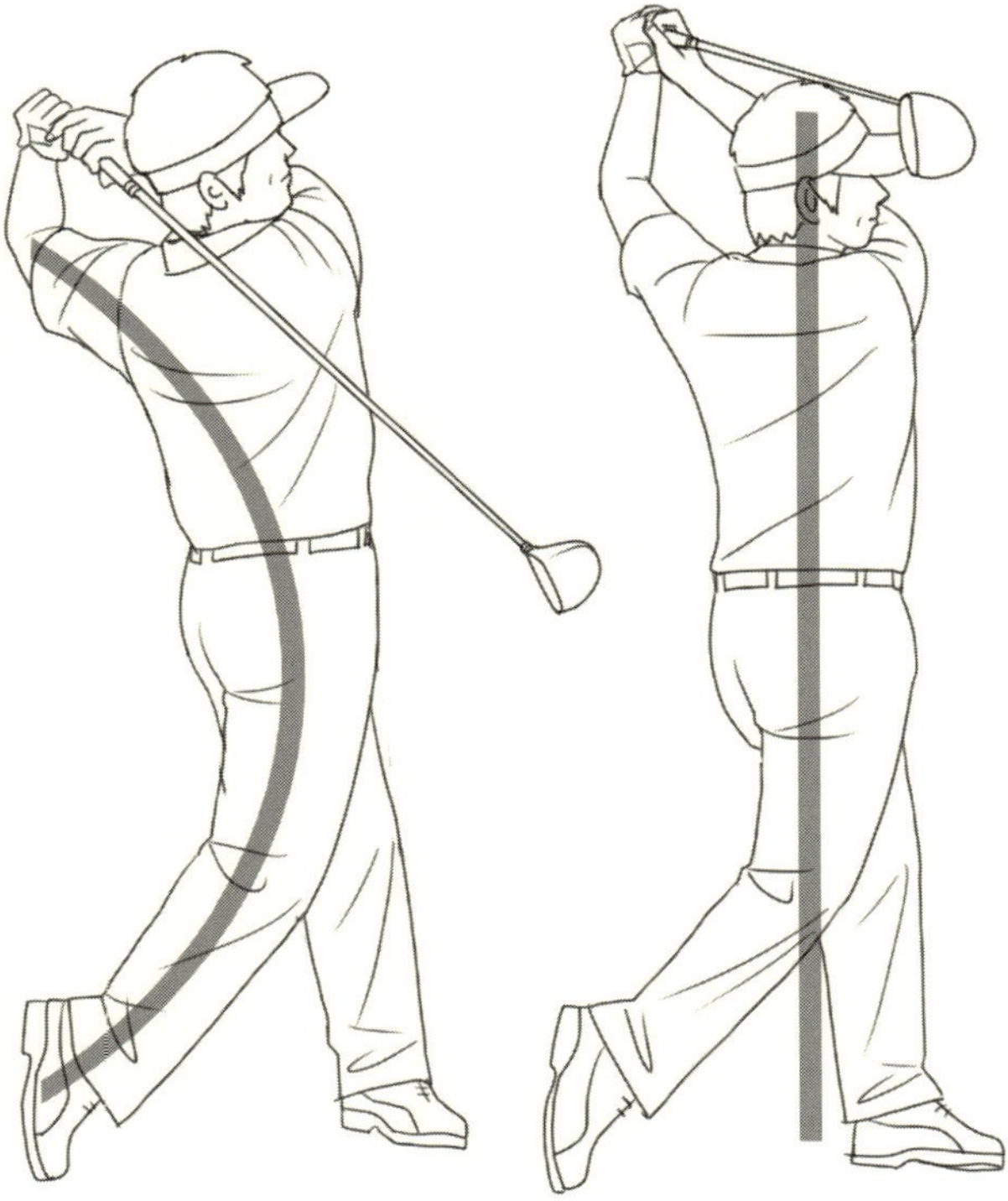

アウトサイド・インで上からボールをツブすようなフェードと、インサイト・アウトでカチ上げるようなドローとでは、フィニッシュの手の位置や体の反り方に大きな違いが出る

第1章

フェードヒットのスイング作り

HIROYUKI  FUJITA

左手はフック、右手はスクエアグリップ

ゴルフスイングの基本は間違いなくグリップです。クラブと体の唯一のジョイント部分ですからね。グリップに関しては、昔からそれほど変化はありません。グリップで大切なポイントは両手の一体感です。ですから、左右の手の力の配分は、どちらか片方に偏るのではなく、できるだけ左右均等にすることです。左手の甲をやや上に向けた軽めのフックグリップ。右手は手のひらを目標に正対させるように握るスクエアグリップです。

なぜ、左手をフックグリップにするかというと、右利きのゴルファーは、当然右手の力が勝ります。そこで右手の力に対抗するために、左手をストロング（フック）に握って、少し強めに握っています。このときの注意点としては、強めに握るといっても、肩や腕に力が入らない程度の力加減です。

右利きの場合、力が自然に入りやすい右手は、左手よりは若干柔らかくしています。力配分のイメージとしては、左を6としたら、右は4程度の割合にすると利き手の分、左右均等になります。

左手は中指、薬指、小指の3本をギュッと握るイメージです。ソフトに握るというタイプのプロもいますが、どちらかというと非力な部類に入る私は、しっかり強めにを意識しています。右手も中指、薬指、そして小指にもしっかり力を入れています。小指にも力を意識しないと、右手のパワーは生まれません。この小指を左手の人差し指と中指の上に乗せて、両手を引っ掛けるようにすれば、オーバーラッピンググリップになります。それでも右手の力が勝ってしまうという人は、パワーを抑えるために、右手の小指を左手の人差し指に重ねて握るといいでしょう。

このように**両手のグリップの小指側に力を入れることをイメージすると、両腕の内側にある程度の張りが生まれ、逆に外側に緩む感じになります。**この適度な力加減がわからない場合は、クラブヘッドを浮かせれば、肩や腕の内側の部分の張りを感じて、正しいグリップの力加減が理解できるはずです。このフィーリングこそ、体のターンと腕の振りの一体化に役立つのです。

特に左手の中指、薬指、小指の3本の指はしっかり強めに握ります。極端な表現をすれば、マメができるくらいの強さでグリップしてもいいでしょう。

上体に力が入らないアドレス

プロゴルファーのアドレスは、例外なく、下半身をどっしりさせて、肩や腕という上体の力が抜け、リラックスさせています。反対に、アマチュアは少しでも遠くに飛ばしたいという本能からか、腕や肩に力が入りまくり、反対に下半身は不安定になっている人が多いようです。パワーフェードを打つにもドローを打つにしても、アドレスは自然に立っている感じの形がベストです。**私は首の付け根から背骨にかけてスイング軸をイメージし、正面から見ると、ほぼ真っ直ぐ立っているように見えるはずです。**

スタンス幅は、ほぼ肩幅、体重配分は左右均等です。体のターンで打つタイプですので、広めのスタンスは体が回りづらく逆効果です。ドライバーの場合、ボールの位置は左足カカト内側の延長線上にセットします。グリップは左の太モモの付け根の前にします。頭はスタンスの中央で、両肩、両目のラインは地面と平行にします。これでスイング軸はキープされ、肩や腰のターンをスムーズにさせる効果が出てきます。このときはもちろん、下半身はどっしり、上体はリラックスさせた状態であることはいうまでもありません。

上体はリラックス、下半身はどっしり

アマチュアによく見られるアドレス。飛ばそうとスタンスを広げ、腕や肩に力が入りすぎ、ボールを上げようと、右肩が下がっている。アドレスの理想形はその逆で下半身を安定させ、上体はリラックスさせること

スタンスはクローズ、肩はオープン

フェードボールを打つ場合、飛球線に対してオープンスタンスをとり、クラブフェースを目標に真っ直ぐ合わせるというのが、教科書的な基本です。しかし、これを鵜呑みにして、単なるカット打ちのスライスボールしか出ないというアマチュアも多いはずです。ボールをしっかりクラブフェースの芯でとらえるために、私はクローズドスタンスにしてから肩と腰をボールを打ち出す左方向に向けます。つまり、**上体の向きとスタンスの向きをクロスさせて構えている**のです。そして、さらにクラブフェースをやや左に向けて被せています。正しくアウトサイド・インの軌道で芯でヒットすれば、大きなスライスとはならず、イメージ通りのフェードボールになりやすいからです。

肩とスタンスのラインが共にオープンというのが理想かもしれませんが、前にも述べたようにスイング軌道を決定するのは、スタンスの向きではなく、肩のラインであることを知っておいてください。上体を左に向けるだけでアウトサイド・インになるのです。

肩のラインが球筋を決める

教科書では上体もスタンスも左に向けるのがフェード打ちの基本だが、しっかり芯でとらえたパワーフェードを打つためにクローズドスタンスをとっている

フォロースルーは低く振り抜く

フェードボールを打つには、ドローのように下からカチ上げてはいけません。ボールを打つ前よりも、**むしろ打ったあと、左に低く振り抜く意識を持てば、体をフルに使ってボールを上から叩けます。**フッカーの頃は、低いトップから高いフィニッシュをとっていた私には、最初の頃は違和感がありましたが、低く振り抜く動きは、左サイドへの体重移動をスムーズにし、左足を軸足にした肩や腰のターンが大きく使えることがわかったのです。

ドローのように右へ振り抜くと、一見、体をフルに使っているようですが、実際はそれほど体の回転は多くないのです。パワーヒッターや体が柔軟なゴルファーはそれで飛距離は出るでしょうが、小柄で非力な部類に入る私には体への負担も大きいので、そのスイングは合わなかったのです。

その結果、思い切って飛球線の内側、つまり目標の左へ振り抜くようにしたのです。体の柔軟性やバネを生かして飛ばすタイプのゴルファーから、現在の体のキレで無理なく飛ばすタイプのゴルファーになったのです。

体のキレでインサイドに振り抜く

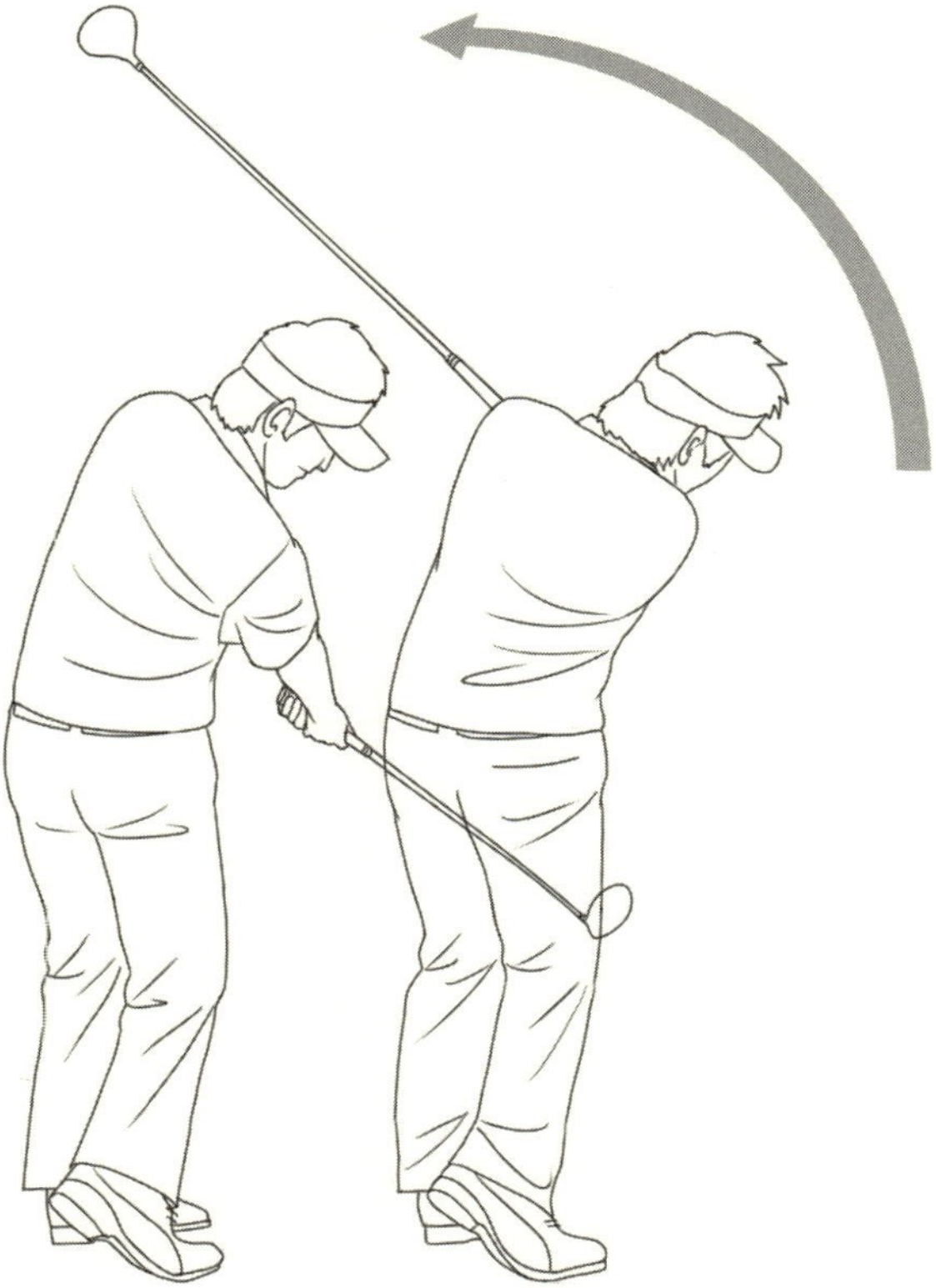

インパクト後に目標よりも左に振り抜く意識を持つと、カチ上げることなく、自然にボールを上から叩くようなスイングになる

インパクトまで右足カカトを上げない意識で振る

フェードヒッターの私は、ボールを上からツブすようなイメージで打っています。そこで意識していることは、ダウンスイングからインパクトまで、右足をヒールアップさせないということです。カカトが早く上がると、左腰が伸び、右肩が下がってしまいます。すると、下半身のパワーがなくなり、バランスが崩れてしまい、力強いフェードボールではなく、単なる弱々しいスライスボールになってしまうのです。

ボールをヒットするまでは、右足のカカトを浮かせないイメージでダウンスイングをします。両足の親指で地面を押さえつける意識を持つといいでしょう。下半身を踏ん張り、肩や腰をクルッとターンさせれば、体のキレも実感できるはずです。

また、両足を踏ん張ることで、スイング軸のブレを防止できるというメリットも生まれます。すると、クラブフェースの芯でしっかりボールをとらえられ、力強いフェードボールを打つことができるのです。

両足の親指で地面を押さえる

ダウンスイングからインパクトまで右カカトは浮かせない意識を持つ。早く上がってしまうと、こすり打ちとなり、力のないスライスボールになってしまう

右腰の高さをキープする

フェードボールを打つには、体のキレが必要です。特に腰のターンが大きなポイントになります。具体的にいえば、股関節の締まりが大事です。バックスイングでは、右ヒザをアドレス時のポジションにキープさせますが、右腰に関しては、無理やり同じ位置にとどめておかなくても結構です。下半身の柔軟性に関しては、人それぞれ個人差もあるでしょうし、無理に右腰を止めて、右腰が伸び上がってしまうと、フォロースルーで左腰も伸び上がり、左の股関節に締まりがなくなってしまいます。

上体の捻転によって、右腰も回っても、**右腰の高ささえキープできていればいいのです。**すると、右の股関節に締まりを感じられることでしょう。その結果、ダウンスイング以降の右腰のターンをスムーズにするパワーの源になるのです。同時に左の股関節の締まりも失わずに、バランスの崩れないスイングになるわけです。

バックスイングでは右腰に、フォロースルーでは左腰に締まりを感じられるようにします。

股関節の締まりが大切

バックスイング時には右腰に締まりを、インパクト以降は左腰に締まりを意識したスイングが力強いフェードボールの源

腰のキレを使って、右手で叩く

インパクトからフォロースルーにかけて、左の股関節を意識して、左にターンしながら、右腰を目標側に突き出す、こんなイメージがいわゆる腰のキレです。ダウンスイングで腰が早く開いてしまいそうですけど、インパクトでしっかり左足を踏ん張っていれば、この開きは防止できます。腰や肩が早く開いてしまうと、スライスボールが出てしまいますが、それはインパクトで右足体重になっていたり、左足がめくれ上がっているからです。この動きでは左足が踏ん張れていないため、肩をターンさせようとしても、右肩が突っ込んでしまい、極端なアウトサイド・インの軌道になってしまい、曲がりのひどいスライスボールになってしまうのです。

インパクトまで右のカカトを浮かさないで、両足の裏でがっちり地面を踏みしめ、そのまま左足を軸にして、右肩、右腰、そして右手を同時にターンさせます。一見、上体が開いているようですが、腰のキレが使え、右手でボールをヒットしていることが実感できるはずです。結果的に体のターンを最大限に使った力強いボールを生むことができるのです。

右肩、右腰、右手を同時にターン

両足で地面を踏みしめながら、右肩、右腰でターン。同時に右手でボールを叩くイメージでスイングすれば、パワーは最大限となる

ティアップを高くしない

多くのアマチュアゴルファーは、調子が悪いときには自然にティアップが高くなります。実は、プロである私もその傾向がありました。アマチュア時代のように、ボールをカチ上げてしまう動きになってしまっていたからでしょう。そんなときには、力強いフェードボールにならず、ボールがバラつくようになります。その対策として、私はボールをティアップせずに、地面、あるいはマットに直接ボールを置いて打つ練習を繰り返しました。すると、下からアッパーには打てないので、上から打ち込む感覚も養うことができましたし、肩や腰をレベルターンで打つ練習にもなったからです。**低いティアップ、あるいは地面から確実に打てるときというのは、調子がいいときのバロメーター**になるのです。アッパーにカチ上げている限り、パワーフェードは打てないと思ってください。

私はドライバーのアドレスでクラブヘッドをソールせず、軽く浮かせています。ボールがティアップされてるのに、フェースが地面というのに違和感があるからです。フェースをボールの高さに合わせたほうが、肩や腰がスムーズにレベルターンできるのです。

低めのティアップでレベルに打つ

下からのアッパー軌道では低めにティアップしたボールは打てない。ヘッドを浮かせて構えると、腰や肩のレベルターンがしやすくなる

クローズドスタンスで上から打ち込む練習法

ここでパワーフェードを打つための効果的な練習法をひとつ紹介しましょう。ボールを捕まえようとすると、スタンスというのは無意識にクローズになります。そのほうが、ダウンスイングからフォロースルーにかけて、左足が踏ん張れるので、右肩、右腰がレベルに回せます。この練習法はスクエアスタンスの状態から右足を後ろに引き、左体重にしてクローズドスタンスに構えて打つドリルです。

左足軸でボールを打つわけですが、この構えからはダウンスイングで右肩が下がってしまったら、絶対に打てないことが体感できるはずです。**ボールをカチ上げてしまう（あおる）傾向のゴルファーには、このくらいのイメージで、ちょうど腰や肩がレベルにターンすることが実感できる**のです。

体の捻転を使い、ボールを上からヒットする。そして、左足を軸にして、右肩と左肩を入れ替えるイメージでターンする。このクローズドスタンスのドリルは、パワーフェードに欠かせない一連の動きを染みつかせてくれるのです。

左足軸にしてレベルに振る

スクエアスタンスから右足を後ろに引いて、左足体重にしてクローズドスタンスにすると、絶対に下からあおるようなスイングにはならない

オープンに構えてインサイド・インに振る

もうひとつ腰や肩のレベルターンを習得する素振りを紹介しましょう。ゴルフスイングの理想形は、トップとフィニッシュの高さが同じ左右対称のスイングです。スイング軸を中心に左右対称に腰が回れば、肩も軸に対して平行に回ります。これがレベルターンですが、理屈ではトップとフィニッシュの手の高さは同じになるはずです。

腰や肩のレベルターン、あるいはトップとフィニッシュを左右対称にするには、**水平素振り**をしてみるとよく理解できます。普通にアドレスをして上体を起こし、クラブヘッドを胸の高さまで上げて、野球のバットスイングをするのです。このときスタンスだけでなく、肩や腰のラインも左に向けた構えからスイングします。この水平素振りを繰り返しながら、上体を徐々に前傾させて、通常のアドレスに近づけていきます。すると、軸を中心にインサイドに上がり、インサイドに振り抜きますが、腰や肩が左を向けているから、インサイド・インに振っていても、飛球線に対してはアウトサイド・インの軌道になります。この素振りを繰り返すと、**レベルターンの感覚が実感できる**と思います。

水平素振りから徐々に前傾をとる

クラブヘッドを胸の高さで振って、少しずつ上体を前傾させていく素振りをする。オープンに構えているため、飛球線に対してはアウトサイド・インにスイングする

左足を軸にして、右肩と左肩を入れ替える

パワーフェードを打つ練習には、バンカーショットや左足下がりのライからのショットが役立ちます。なんの関係もなさそうですが、共通点が大いにあります。左足体重でオープンに構え、アウトサイド・インの軌道でスイングするところは同じイメージなのです。

バンカーショットの場合、上体の捻転を使ってクラブを立てて、高いトップからボールをヒットし、ダウンスイングでは左足を軸にして右肩と右腰をターンさせ、クラブヘッドを横に振り抜くのが、バンカーショットの基本ですが、この動きはフェードを打つ動きとまったく同じといっていいでしょう。バックスイングでクラブを立てるといっても、小手先だけで振り上げては、当然手打ちになってしまうため、これを防止するためにも、まずは上体を捻転させる意識を持つことが大事です。

さらに、捻転して蓄積されたパワーを生かしてスムーズに振り抜くためには、**ダウンスイング以降、左肩と右肩を入れ替えるいわゆるスイッチングをイメージして、体をターンさせる**といいでしょう。

高いトップから横に振り抜く

フェードヒットはバンカーショットや左足下がりのライからのショットに似ている。
左足体重、左を向いたアドレス、アウトサイド・インの軌道など共通点が多い

連続素振りで下半身リードのスイングを

ゴルフスイングは野球の投手の動作に似ているとよくいわれます。右利きの投手の場合、まず左足を踏み込んでから、上体が動き始めます。足が地面に着く前に腕を振り下ろしてきたら、ボールには球威もなく、コントロールだって定まりません。これはダウンスイングで打ち急ぐゴルファーと同じです。左足を踏み込み、それから上体が遅れて動き出す。そんな時間差で右腕が自然に遅れてきて、いわゆるタメが生まれるのです。

とはいっても、投手の動きは理屈では理解していても、実践するのはなかなか難しいかと思います。そこで、下半身先行のスイングが身につく効果的な練習法を紹介しましょう。

右腰の高さから左腰までのハーフスイングの素振りを、素早く繰り返す連続素振りです。

右腰の高さから左腰へ素早く振ろうと意識すると、無意識に腰を左に切る動きになるはずです。何も考えずに自然に下半身リードになっていますよね。**バックスイングで右腰、ダウンスイング以降は左腰の締まりが、下半身先行の動きや腰のターンを生み出す**ことが実感できるはずです。

ハーフスイングで下半身リードを覚える

まず左足を踏み込んでから、上体が動き出すのはピッチングもゴルフスイングも同じ。その動きは素早いハーフスイングの連続素振りで体感できる

クラブが寝るから、押し出しスライスに

フェードボールとスライスボールは、同じ右回転で右に曲がるボールですが、まったく違うものであると、冒頭で述べました。しかし、多くのスライサーはなぜ右に曲がってしまうのかが分かっていないようです。ここからはスライサーのタイプによる原因を考えてみましょう。まず、右に飛び出して、さらに右に曲がっていくスライスの中でも最悪のいわゆる押し出しスライサーです。

このタイプはダウンスイングで右肩が下がって、クラブヘッドがインサイドから低く下りてきています。ダウンスイングでクラブヘッドが寝てしまい、フェースが開いたままボールをヒットしているのが原因です。グリップがヘッドよりも先行しているため、右方向にすっぽ抜けているのです。簡単にいえば、振り遅れているのです。

この押し出しスライスを直すには、やはり前に紹介した**クローズドスタンスに構えて打つ練習**がいいでしょう。ポイントはダウンスイングで左腰を伸ばさないこと。右肩よりも左肩を高くしないイメージでターンするといいでしょう。

振り遅れるから右へ飛び出す

右肩が下がると、クラブがインサイドから入ってくるからクラブフェースが開き、右に飛び出してから、さらに曲がるプッシュスライスになる

左肩が浮くと、ストレートスライスに

目標方向に真っ直ぐ飛び出し、「ナイスショット」の声のあとに右に曲がっていく球筋が、ストレートスライスです。これで曲がりが少なければ、飛距離もそこそこのフェードボールといえるでしょうが、こすったようなインパクト感が手に残り、ボールが大きく曲がるようでは直さなければいけないレベルです。

このストレートスライサータイプは、スクエアに構え、インパクト時も肩のラインはスクエアに戻っているはずです。つまり、インサイド・インのスイング軌道で振れてはいますが、惜しいかなクラブフェースが少し開いたままボールをヒットしているのです。その**原因は、左肩が浮いているから**でしょう。インパクトで左腰が伸びてしまい、左ワキが空き、腰、肩のターンが甘くなって、タイミングがズレているのです。このタイプも押し出しスライサー同様に、グリップがアドレス時よりも目標寄りに出ているはずです。

注意点は左ワキをしっかり締めるようにして、グリップをアドレスの位置に戻す意識を持って、ボールをヒットするといいでしょう。

左ワキをしっかり締める

スイング軌道はインサイド・インだが、左肩が浮いてしまい、左ワキに締まりがなくなり、タイミングがズレて、フェースが開いてストレートスライスになる

肩が右を向けば、引っ掛けスライスに

ボールが左に飛び出し、それから大きく右に曲がっていくのが引っ掛けスライスです。この球筋が最もフェードボールに近い球筋といえます。ただ、このタイプのスライサーはアウトサイド・インの軌道が極端で、さらにこすり打ちをしているのです。そのため、インパクトの感触も弱く、飛距離がまったく出ません。

この**引っ掛けスライスの原因は、アドレスで肩が目標よりも右を向いているからです。**その状態で肩や腰をターンさせようとすれば、右肩が大きく前に出てしまいます。さらに体重が左足にシフトせず、左腰が引けてしまい、右足を軸にターンしてしまいます。それでは、まったくボールにパワーを伝達させることはできず、飛距離も出ません。

また、クラブフェースが開いていれば、右に大きくスライスしますし、リストをコネてしまったときは、引っ掛けてしまい、球筋が安定しないというのが、この引っ掛けスライスです。肩を飛球線よりも左に向け、左足を軸にスイングしてスイングバランスを整えましょう。

左足を軸にしてスイングする

体重が左足に移動しないで腰が引けてしまい、スライスが出る。打ちたい方向と体の向きが異なれば、スイングバランスが崩れてしまう

三角形をキープして体を捻転させる

大きく曲がるスライスボールを確実なフェードボールの球筋にするためには、まず手打ちからボディターンに変えることが先決です。スイングの始動であるテークバックですが、両肩とグリップ、そしてクラブの一体感を意識してみましょう。アドレスで両小指にクラブの重みを感じるようにグリップすると、両腕の内側に締まりが生まれます。そこで**両肩と両腕、グリップで形成される三角形をイメージ**します。

テークバックでグリップが右腰の高さの位置に上がるまでは、この三角形をキープしてください。この時点でコックする人も多いのですが、私はできるだけリストを固めたまま、上体の捻転だけでテークバックしています。

両手が右腰まで上がったとき、グリップエンドとおへその距離はアドレス時と同じです。小手先だけでクラブを上げてしまうと、テークバックの段階でグリップがどんどん体から離れてしまい、上体の捻転をスムーズに行うことができません。スイングのスタートであるテークバックから体を回す意識がなければ、ボディターンも始まりません。

リストを固めて上体で捻転する

テークバックでは両肩、両腕、グリップで形成された三角形をキープする。グリップが右腰の高さまできたとき、グリップエンドとへその間隔はアドレス時と同じ

ダウンスイングは打ち急ぎがない

前にゴルフスイングと野球のピッチャーの動作は同じところがあると述べました。ダウンスイングは上体からではなく、下半身から先行します。トップから切り返しに移るときは、まず左足の踏み込みから始めます。続いて左ヒザ、左腰をアドレスの位置に戻し、そのまま右腰、右肩をターンさせ、一気にフィニッシュへ向かいます。これが正しいゴルフスイングです。ところが、このような下半身先行のスイングを、アマチュアの皆さんがスムーズにできない理由は、**力み**にあります。

少しでも飛距離を出そうと思えば、自然にグリップに力が入ったり、バックスイングのリズムが早くなったりします。一番顕著に現れるのが、ダウンスイングのスタートの切り返しです。トップまでたどり着かないうちにダウンスイングを始めれば、右肩が突っ込み、クラブフェースが被ったままボールをヒットしてしまいます。これが打ち急ぎのミスショットになってしまうのです。つまり左ヒザや左腰が、アドレスの位置に戻る前に上体で振り下ろしているのです。**ダウンスイングは上体ではなく、下半身先行**で行うのです。

ダウンスイングは下半身から始まる

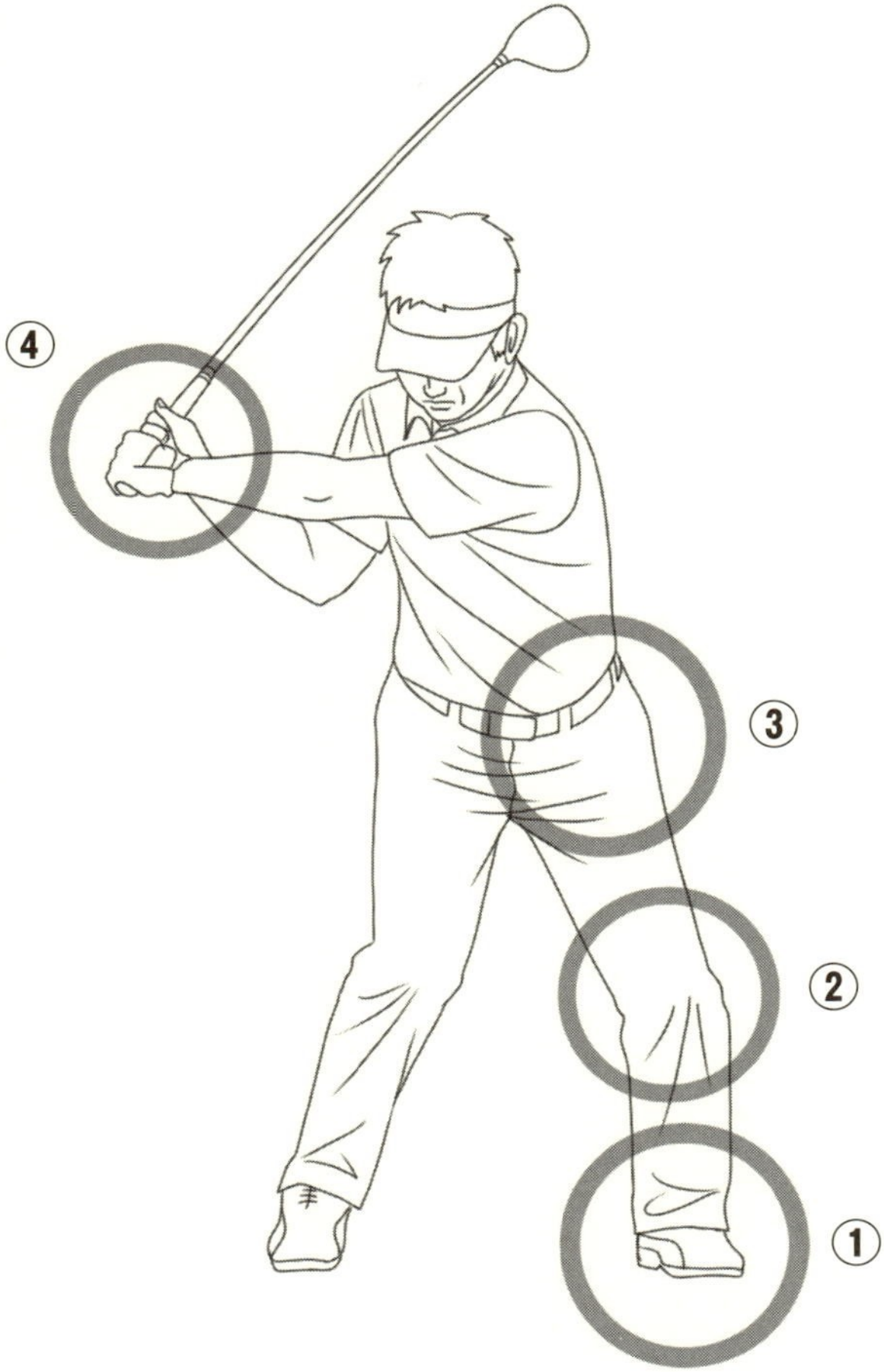

ダウンスイングはクラブを振り下ろすのではなく、左足の踏み込みから始まる。続いて左ヒザ、左腰をアドレスの位置に戻すという動作に移るのが正しい

フィニッシュは左足1本で立つイメージ

左足を軸に右腰、右肩を回転させれば、その結果、フィニッシュでは体重が左足1本に移動するのが自然です。極端な表現をすれば、左足1本だけでも立てるようなスイングの最終形が理想です。アマチュアからプロになったばかりの頃、フック系のボールをカチ上げて打っていた私は、高いフィニッシュをとっていたため、体重が少し右足に残り気味でしたが、主にフェードボールを打っている私のフィニッシュは左足が地面に吸いつき、右足は軽くつま先立ちしている程度です。

アマチュアゴルファーによく見られるフィニッシュが右足体重になっているいわゆる「明治の大砲」や左足がめくれ上がっているスライサーの皆さんは、こんな練習をしたらいかがでしょうか。**ボールを打ち終わったら、歩き出すように右足を1歩前に踏み出してみましょう。**

このフィニッシュを繰り返すと、自然に右腰や右肩が飛球方向に向かおうとするはずです。これはレベルターンもできたという証しでもあるのです。

右足を１歩前に出すフィニッシュ

フィニッシュの理想形は体重が左に乗り、右足はつま先立つ形だ。体重が右に残ってしまう人は、打ち終わったら右足を1歩前に踏み出すといい

左サイドのカベは左の頬を意識する

体が開いてしまうゴルファーに対して、多くのレッスン書は「左のカベ」を意識して、インパクトで頭がボールの後ろにあるいわゆる「ビハインド・ザ・ボール」の形をとりなさいと指導しています。その結果、クラブヘッドを走らせることができます。

その「左のカベ」ですが、大抵は左の腰をカベにぶつけるというようなイメージですが、**私のイメージする左のカベは、アドレス時の左の頬**にあります。バックスイングでは頭がどんなに右に動こうが結構ですが、ダウンスイング以降は、左頬のカベよりも、頭が左に動いてはいけません。アドレス時の頭の位置よりも頭が左に流れてしまうと、当然体も一緒に突っ込み、開いてしまいます。すると、クラブはアウトサイドから振り下ろされ、カット打ちのスライスボールになります。クラブヘッドも走っていないので、飛距離も出ません。ダウンスイング以降は下半身先行と前項で述べましたが、インパクトゾーンで頭が左に流れず体の開きを防ぐことで、振り遅れることなく、最後に振り下ろされたクラブヘッドを走らせることが可能になるのです。

アドレスよりも左に頬が流れてはいけない

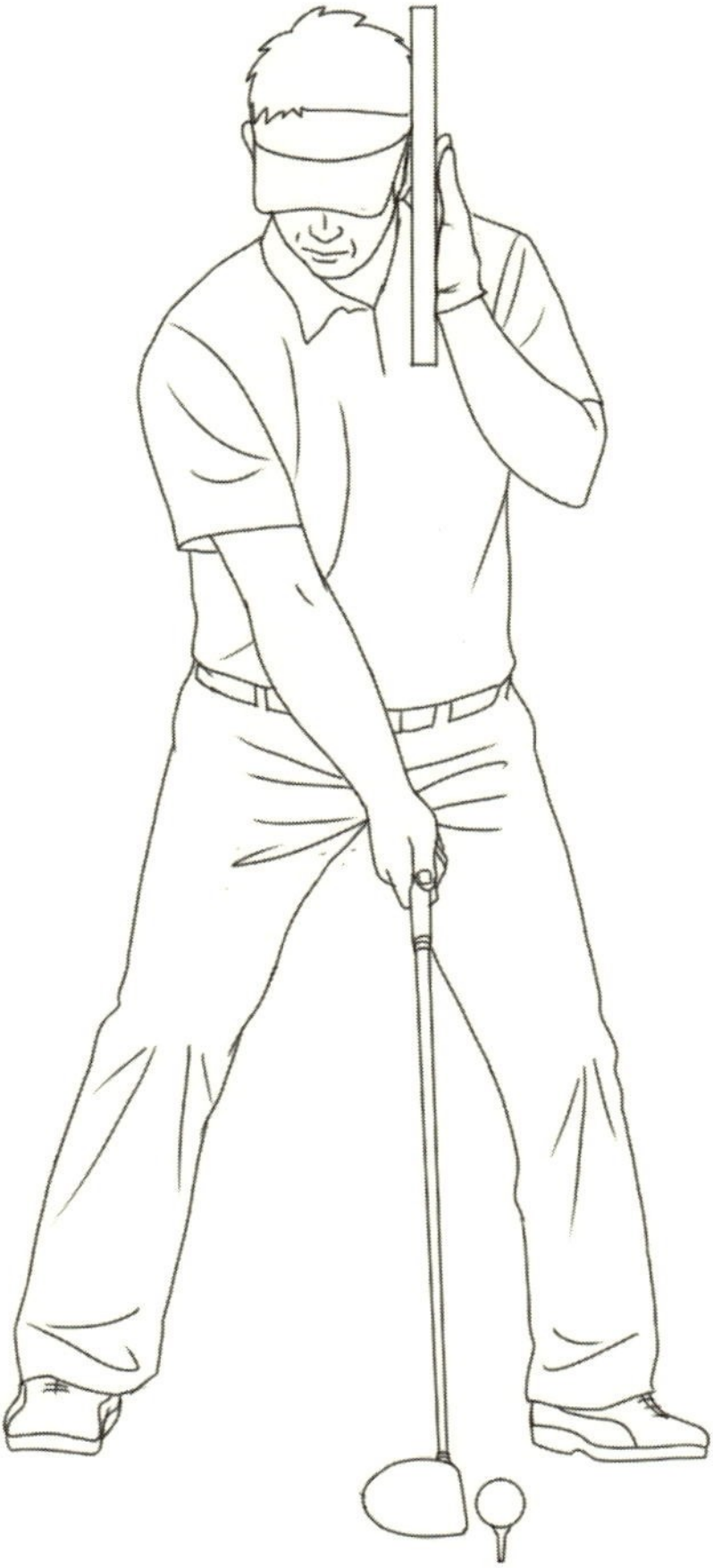

アドレスで左の頬にカベをイメージする。ダウンスイング以降はこのカベよりも頭が左に流れないように意識することで、体の開きが抑えられる

左に振り抜き、ハイフィニッシュをとる

　私のフィニッシュのフォームは少し個性的といわれます。左足に体重が乗り、体は目標に正対していますが、クラブが頭の上にあるからです。普通はインパクトからフォロースルーにかけて、フェースローテーションが行われて、体に巻きつくようなスイングからシャフトが首の後ろにくるのが、ほとんどのゴルファーのフィニッシュのフォームですよね。私の場合、ボールを捕まえやすいアドレスをして、クラブを左に振り抜くので、クラブフェースを返すと、ボールが左に飛んでしまいます。

　そのため、クラブフェースはスクエア、あるいは少し開いておく必要があります。スクエアな状態のまま左に振り抜くと、手は低い位置に抜けますが、行き場のない手はその後高い位置へと上がっていきます。これが個性的といわれる私のフィニッシュの理由なのです。もともと低い弾道のフェードボールを打ちたいがためのアドレスから、クラブフェースの向きをスクエアにキープさせるために現在のフォームになりました。打ちたいと思う球筋がフィニッシュを作ったのです。

低いフォロースルーから高いフィニッシュへ

インパクトからフォロースルーにかけて、クラブフェースをスクエアにキープしたまま左下に振り抜くと、あとは手が高い位置にいくためハイフィニッシュになる

リストターン不要、体の回転で振る

テークバックは三角形を維持し、リストコックは右腰の高さまではしないという話を前に述べました。私は、テークバックだけでなく、スイング中にもリストターンを意識する必要はないと考えています。以前はリストを返して、インパクトにフェースの向きを合わせていましたが、近年の進化したゴルフクラブではミスにつながるのです。

最近の大型ヘッドはボールが勝手に真っ直ぐ飛ぶように設計されており、逆にインテンショナルに曲げにくいという特質を持っています。**リストターンせずとも、正しく体を回せば、腕は勝手に返る**のです。

アドレスをして、クラブを上に上げて、リストコックしてみてください。体を右に向ければトップ、そのまま左を向けばフォロースルーの形です。手首の形や角度は変わりません。実際のスイングは上体を前傾させてますが、体は軸を中心にターンさせるだけでいいのです。そうです、でんでん太鼓のイメージそのものです。軸を中心に体を回せば、手があとからついてくるのです。スイング中は常に体の正面にクラブがあるのです。

体を軸を中心に回転させるだけ

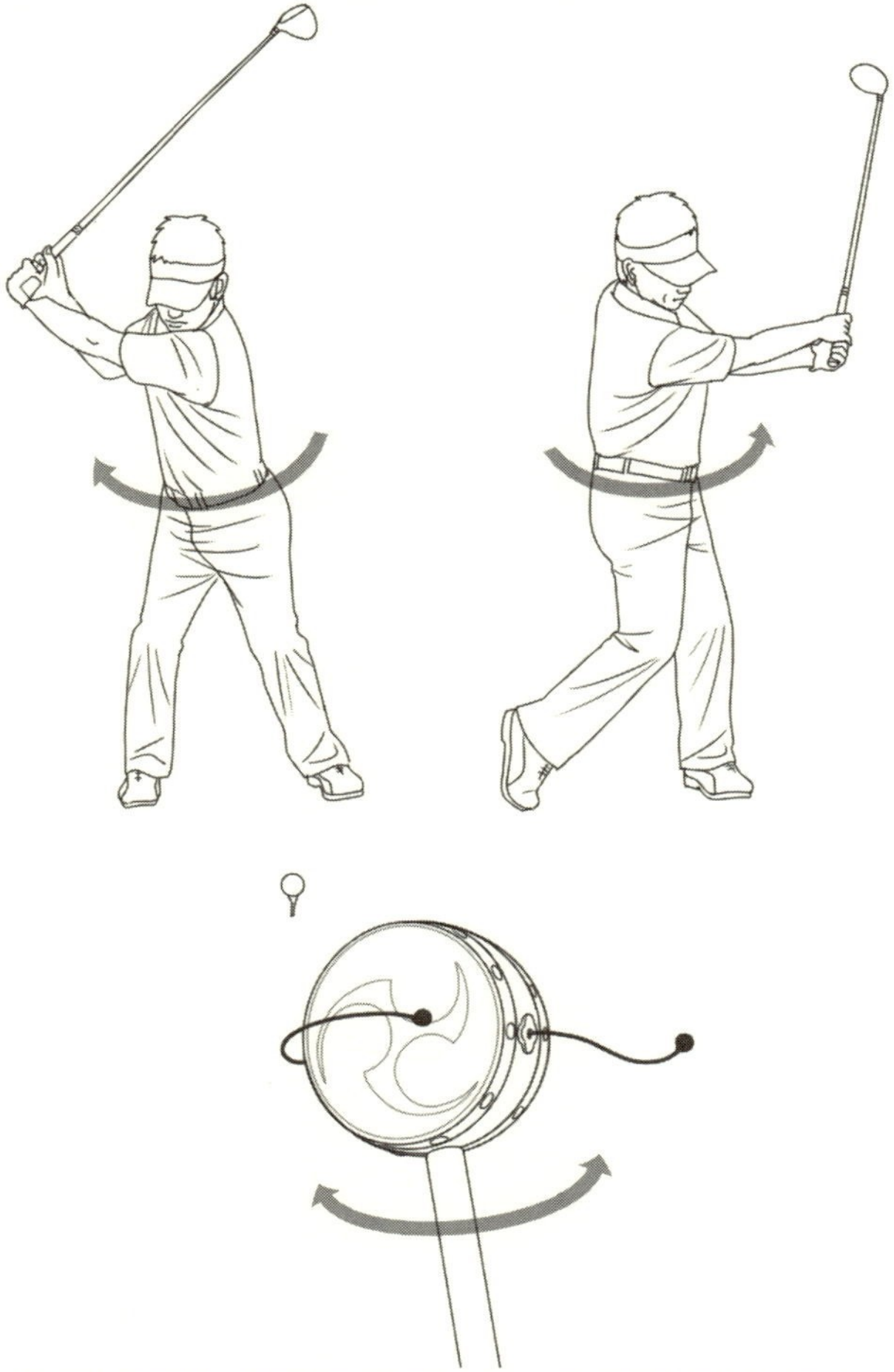

軸を中心に体を回せば、腕やクラブがあとからついてくるでんでん太鼓のイメージがスイングの基本。手先を使う意識は不要だ

ジャンプして着地した形がアドレス

下半身をどっしりさせた自然体の形がアドレスの基本とされています。ところが、この自然体という言葉、実に曖昧な表現で皆さんも理解しているようで、実はよく分かっていないのではないでしょうか。確かに、自然体という形を頭で考えること自体、不自然なことかもしれません。そこで、私は皆さんに自然体を体感してもらうために、スタンス幅に足を広げ、軽くジャンプしてもらいます。

バランスよく着地できましたか？　股関節が入って、ヒザも適度に曲がっているはずです。**何も意識せずに着地した自然体、これがアドレスの下半身の形になります。**この安定感のある下半身が、一番飛距離が出て、方向性を高める基本の構えになるのです。

体重はどこにかかるのかというと、多くのスポーツに共通するアスリートポジションという形があります。野球で守備をしているとき、バレーボールやテニスでレシーブをするときのプレーヤーをイメージしてください。静から動へ移るとき、カカトに体重をかけている人はいません。ゴルフも同じでつま先側に体重があると、股関節も入りやすいのです。

ジャンプして何も意識せずに着地する

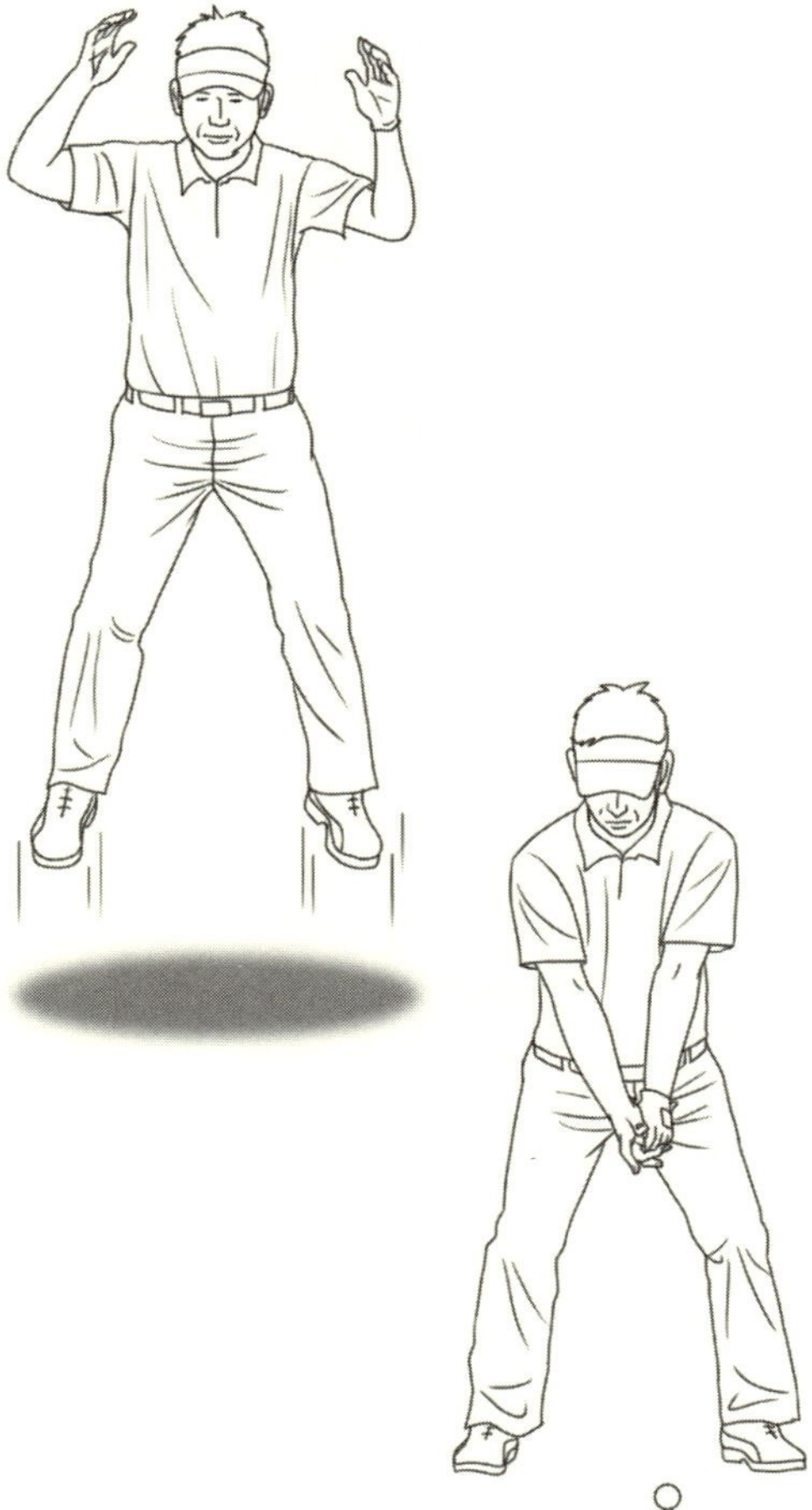

スタンス幅に足を広げ、軽くジャンプして着地した下半身の形がアドレスの基本。股関節が入り、ヒザが適度に曲がり、体重がつま先側にかかっているはずだ

30ヤードのアプローチでスクエア感覚を養う

ドライバーショットからショートアプローチ、そしてパッティングまで共通な基本があります。それはクラブフェースをスクエアに保つということです。これはゴルフスイングの原点といえるでしょう。パッティングにはボディターンがありませんから、一番小さなスイングであるアプローチショットが基本になります。

30ヤードのアプローチショットを完全に習得すれば、アイアンショットやパッティングだけではなく、一番大きなドライバーショットの上達につながるのです。30ヤードの距離でボディターンの感覚を養い、徐々にその動きを大きくしていけば、すべてのクラブのスイングがマスターできると思っています。

私のスイングは、サンドウェッジでの30ヤードのアプローチショット、ピッチングウェッジ、7番アイアン、そしてドライバーという4本で作ります。変わるのはボールの位置とスタンス幅だけです。ボディターンが一番小さく集約されているのが、30ヤードのアプローチです。この練習に時間を割いてみてください。

30ヤードのショットもボディターン

30ヤードのアプローチショットを一番大きな動きにしたのがドライバーショットだ。変わるのはボールの位置とスタンス幅だけだ

7番アイアンで100ヤードの距離を打つ

軸を中心に体をクルッと回すだけのでんでん太鼓のようなボディターンがゴルフスイングの理想形ですが、その完成度をチェックする方法として、**7番アイアンで100ヤードの距離を打ってみましょう。**私の場合、通常の7番アイアンのフルショットの距離は大体160ヤードですが、それをあえて100ヤードの短い距離を打つのです。当然、コントロールショットになりますが、腕と上体を一体化させたボディターンだけで、フェースローテーションをさせず、アドレス時のスクエアをキープしたままスイングします。

100ヤードの距離に抑えるためには、スイングの振り幅を小さくしたり、短くグリップしたり、スイングスピードを落としたり、スイングを応用しなければ、なかなか100ヤードジャストに打つことは難しいはずです。

私自身、練習でこの7番アイアンで100ヤードがしっかり打てているときは好調時です。体のターンでスイングすることだけでなく、フェースを開閉せずに、スクエアをキープすることで、**フェースコントロールも体感できる効果的な練習法**です。

7番アイアンで100ヤードを打つ練習法

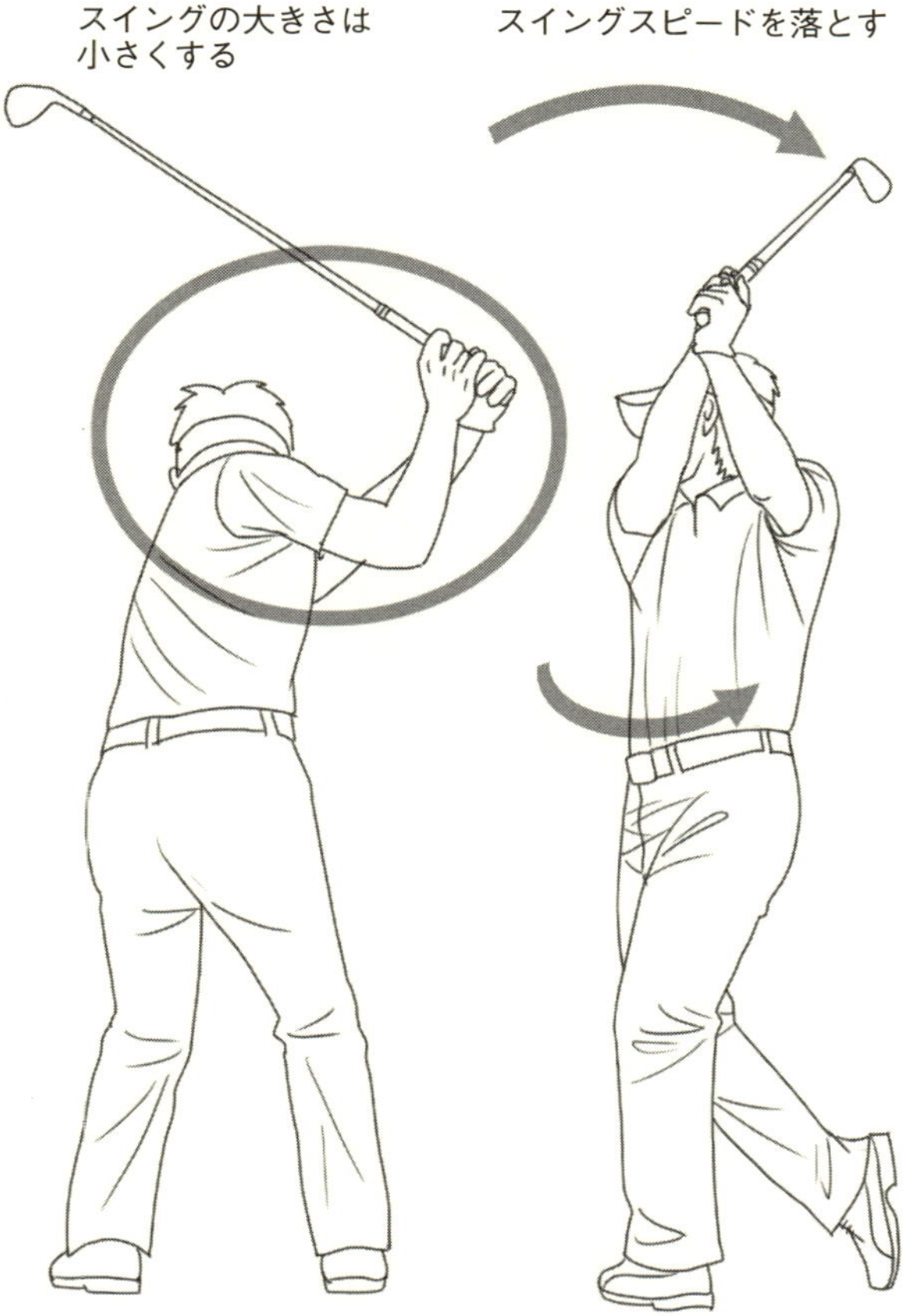
スイングの大きさは
小さくする
スイングスピードを落とす

7番アイアンを体のターンだけで100ヤード打つには、スイングの大きさやスピードを抑えなくてはいけないので簡単ではない。この練習でボディターンの完成度がわかる

重いボールを遠くに投げるスイングイメージ

私をはじめ、多くのプロゴルファーがスイングイメージの確認法として実践している練習を紹介します。レッスンプロが、これからゴルフを始めるビギナーにも採用しているので、あらゆるレベルに効果があります。スポーツジムにあるような重いメディシンボールがあればベストですが、バスケットボールやバレーボールのような軽いボールでも、ゴルフスイングのイメージは体感できます。

まず、両手にボールを持ち、アドレスの体勢を作ります。最初は腕をぶらぶらさせて、勢いをつけてボールを投げてみましょう。**ボールを遠くに投げるには、小手先や腕力だけで投げるのと、腰をターンさせて投げるのとでは、その距離の差ははっきり出ます。**もちろん、後者の下半身を使ったほうが、確実に遠くに投げられます。つまり、体の大きなパワーが必要なのです。アドレスでのどっしり感、バックスイングでの右腰の締まり、切り返しでの下半身のリード、そして左への体重移動と、すべてのスイングエッセンスが、このボール投げに詰まっています。練習法はボールを打つだけではないのです。

下半身のリードと体重移動をイメージする

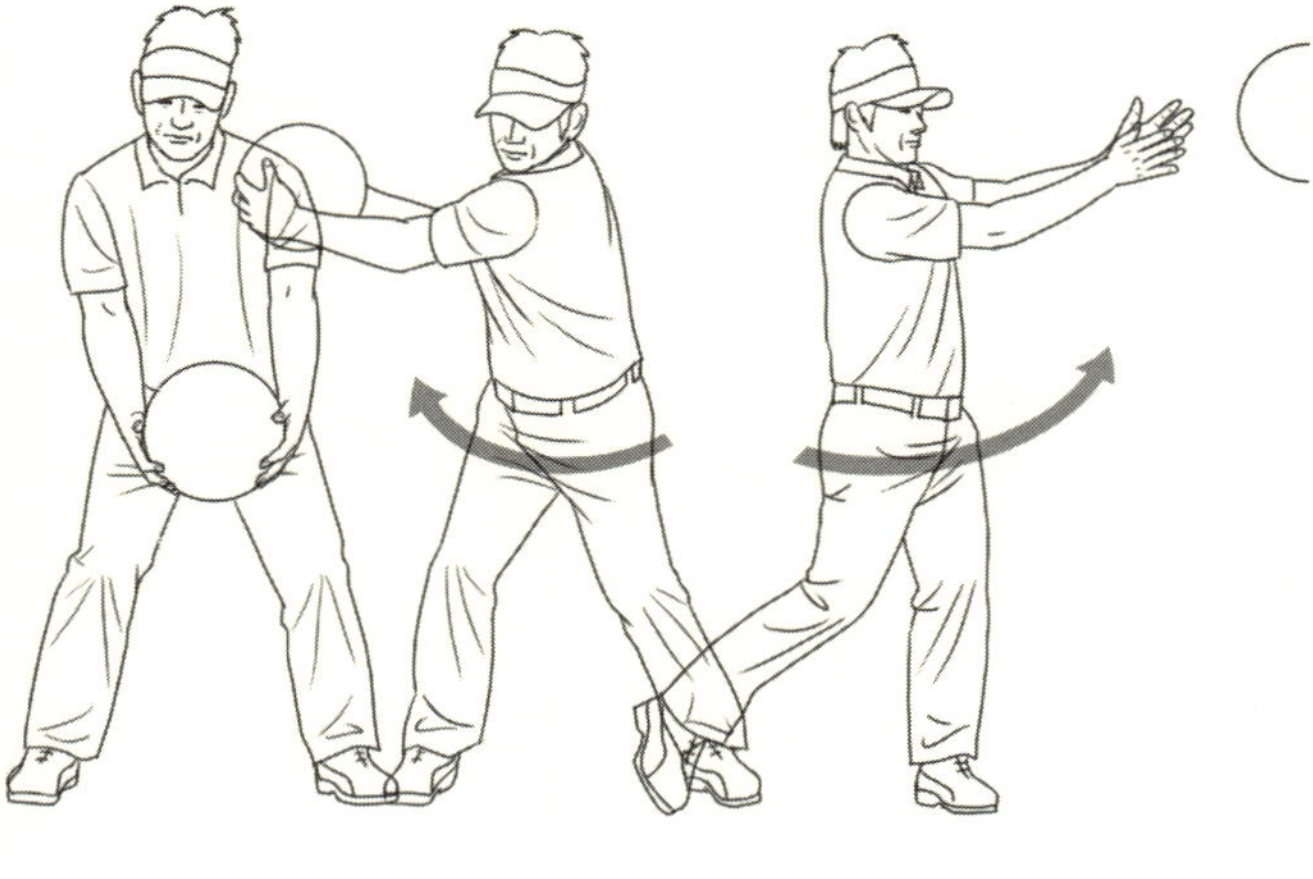

ビギナーからプロレベルまで、スイングイメージを確認するならこのボール投げが効果的だ。ゴルフスイングのエッセンスがすべて詰まっている

タオルを振るイメージが飛距離を伸ばす

　前項に続き、もうひとつお手軽な、飛距離をアップさせる効果的な練習法を紹介します。グニャグニャのホースのようなものがあればいいのですが、なければタオルでも代用できます。タオルの先を丸め、ゴルフスイングをしてみてください。速く振ろうとしたり、思い切り力を入れて振ろうとすれば、柔らかいだけにスイングにならないはずです。

　むしろ、ゆっくり大きくスイングすると、タオルはしなって速く振ることが実感できます。実際にゴルフクラブを振るときも、腕や力で速く振ろうとすればするほど、シャフトのしなりを生かせず、速く振ることはできません。ゆっくり大きくスイングすれば、シャフトがしなって、クラブヘッドが走る。その結果、ヘッドスピードが上がり、飛距離もアップするという図式です。この**飛ばしのコツをつかむのには最適な練習法**といえます。

　また、体の前で小刻みに速く左右に振れば、体幹を鍛えるトレーニングにもなります。体が左右に流れれば、軸がブレてしまい、ヘッドスピードは出ません。小刻みに速く振るにはかなりの体力が必要です。それだけに強い体幹が形成されるのです。

ゆっくり大きくスイングするイメージでタオルを振る

タオルやゴムホースのような柔らかいものを振るには、ゆっくり大きく体の回転を使わなければ、ヘッドスピードが上がらないことが体感できる

第2章

フェアウェイウッドとアイアンショット

HIROYUKI  FUJITA

すべての番手でボールの位置は左足カカト線上

ドライバーショットでのボールの位置（ボールポジション）は、左足カカト内側の延長線上にセットしていますね。そして、番手が短くなるほど、スタンスの中央寄りになっていくのが一般的ですが、私の感覚では、**どの番手でもボールポジションは、ドライバーと同様に左足カカトの延長線上**にあります。

番手が短くなるにつれて、スタンス幅は狭くなり、オープンスタンスの度合いも大きくなり、ボールの近くに立ちます。見方によっては、一番短いサンドウェッジではスタンスのセンターにボールがあるように見えるかもしれませんが、やはり感覚の上では左カカト線上であることに変わりありません。

その理由は、単純に**ボールポジションを統一したほうが、アドレスで迷いがなくなる**ということです。短い番手になるほど、スタンスの中央に寄せるというのも間違ってはいませんが、右腰と右肩をターンさせるスイングでは、左に振り抜くイメージでボールを上から叩けるという点でも、左足カカト線上はヒットしやすい位置なのです。

左足カカト線上が一番ヒットしやすい

番手が短くなるほどボールに近づき、スタンス幅が狭くなり、オープンの度合いも大きくなるが、ボールポジションは基本的に変わらない

フェアウェイウッドはアプローチ感覚で打つ

最近ではロングアイアンを抜き、その代わりに5番ウッドや7番ウッドといったフェアウェイウッドやユーティリティをバッグに入れるというのが一般的になりました。だからといってアマチュアの皆さんが、これらのクラブを上手く使いこなしているかといえば、相変わらず苦手にしている人が多いようです。特にフェアウェイウッドでミスを繰り返している人は、少しでも距離を出したいということとボールを上げたいということから、力んだり、しゃくり上げているからではないでしょうか？

飛距離を出そうとすれば力んで、手打ちになって、体のターンが使えず、逆に飛距離は出なくなるのがフェアウェイウッドです。長いパー4のホールなら花道へ、パー5のホールの第2打ならば、第3打が打ちやすいエリアに狙いを定めます。ここは200ヤード飛ばすのではなく、**200ヤードのアプローチショットと考えてみること**で、無理のないスイングを試みるといいでしょう。結果、ミート率も向上し、飛距離、方向性も同時にアップし、大叩きにつながる大きなミスは激減するはずです。

アプローチのイメージで力みをなくす

飛ばそうとか、ボールを上げようとすると、ミスにつながるのがフェアウェイウッド。広いエリアにアプローチするという気持ちがミート率のアップにつながる

フォロースルーを低く出すイメージで打つ

ティアップをしているドライバーショットならともかく、フェアウェイウッドのショットは、地面の上にあるボールを打つわけですから、下からしゃくり上げたら、手前を大きくダフるか、ソールが地面に跳ね返り、トップボールになるだけです。スイング軌道の最下点がボールの手前になるわけですから、ダフって当然です。

フェアウェイウッドはスイング軌道の最下点でボールをヒットすることがポイントです。そのためには、横に振り抜くイメージを持つことです。フォロースルーを低く出すように振っていけば、ボールを確実にヒットできます。そのためには、**アドレスでの目線が大事**です。ボールを上げたいと思えば、自然に高くなってしまい、それに伴い、右肩が下がり、すくい打ちになってしまいます。ですから、**アドレスでは低い弾道をイメージする**のです。これだけで、両肩が同じ高さになるはずです。あとはドライバーショットと同じようにレベルターンでスイングするだけです。フェアウェイウッドのミスの主な原因は2つです。飛ばそう、上げようという気持ちが、大きなミスにつながることを覚えておきましょう。

最初から低い弾道をイメージする

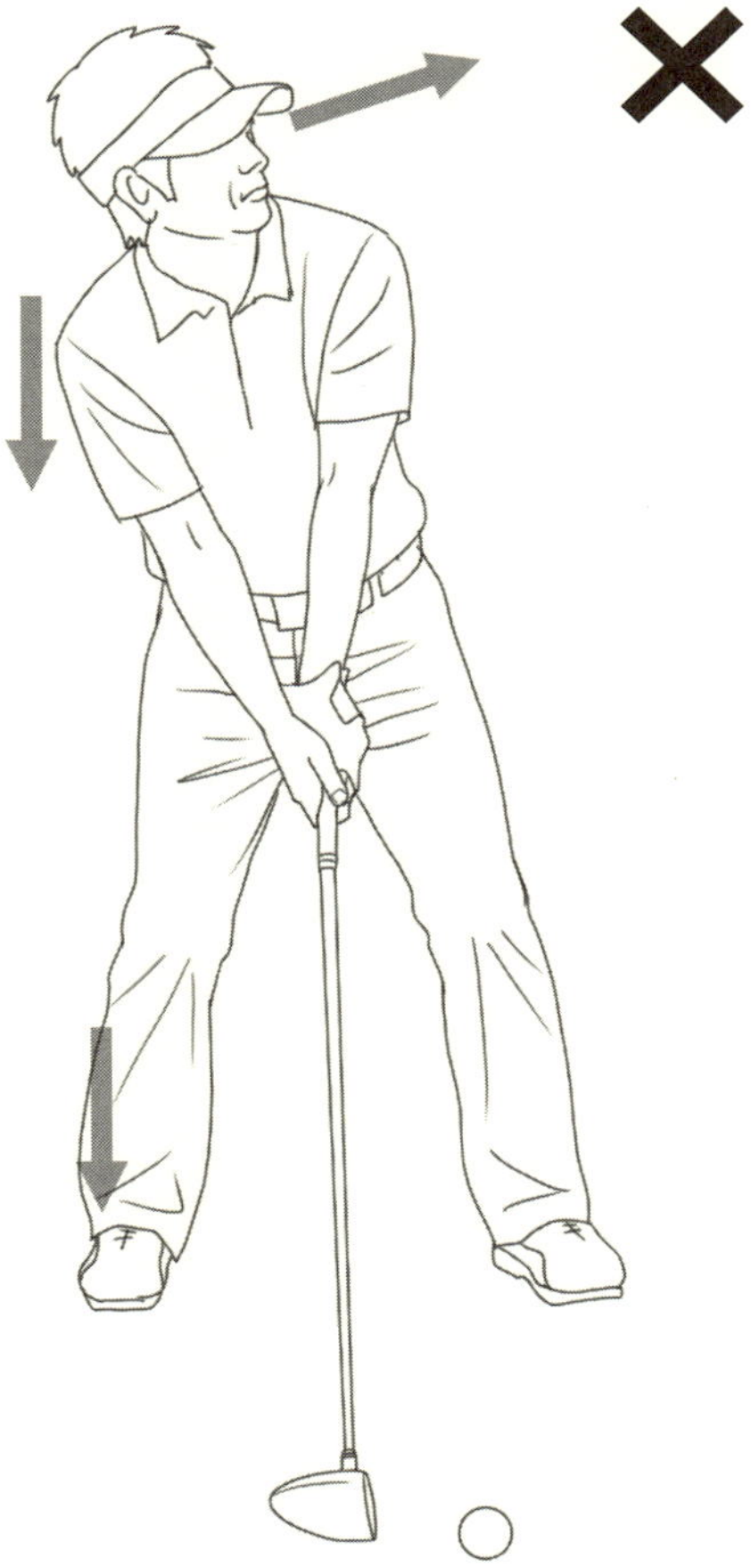

ボールを上げたいと思うと目線が高くなり、右足に体重がかかり、右肩が下がる。
ボールを上げたいときほど、反対に低い弾道をイメージする

フェースを少し被せて構えるアイアンショット

　アイアンショットでフェードボールを打つ場合、クラブフェースの向きはピン方向、腰や肩のラインは左に向けるのが、一応教科書的なレッスンとなります。しかし、クラブフェースをスクエアにして構えると、こすり気味のインパクトになりやすく、大きくスライスしてしまったり、番手通りの高さや距離が出なかったりします。

　そこでクラブフェースをあらかじめ少し被せ気味にして構えます。左に飛んでいってしまいそうな気がするでしょうが、アドレス時の右手首の角度を変えずに、肩と腰でレベルターンさせながら上からボールをヒットすれば、イメージ通りのボールになるはずです。

　大抵のゴルファーはリーディングエッジ（クラブフェースの最下部の線）を目標に対してスクエアに合わせていますが、これは上から見ているせいもあり、実際には目標よりも開いている場合が多いのです。**自分から見て、少し左を向いて、フェースが被っていると思うくらいが、目標方向に対してちょうどスクエアである人が多い**ようです。一度確認のため、被せ気味に構えて打ってみてください。

クラブフェースが少し左を向いているくらいがスクエア

アドレスで構えて、クラブフェースが少し左を向いているくらいが実際にはスクエアで、ボールをしっかりとらえやすい向きだ

ショートアイアンはスライスを打つイメージで引っ掛けを防止

アイアンは番手が短くなるほどロフトが大きくなり、ボールを捕まえやすくなる特性があります。つまりこすり球になりにくいというメリットに対して、左に引っ掛けやすいというデメリットがあるクラブであるともいえるでしょう。特に腰のターンが止まって、リストを返してしまうと、左に大きく曲がるミスショットが出てしまいます。

このミスショットを防止するには、**オープンに構えてスライスボールを打つイメージでスイング**します。すると、左に引っ掛ける心配はありません。ショートアイアンですので、ドライバーショットなどと比べるとリズムもゆっくりとなりますが、肩や腰の回転でしっかりボールを打つことが大切です。ショートアイアンを持った場合は、前項で話したフェースを被せ気味にするというレッスンは忘れて、スクエアに構えてください。ピンまでの距離が近く、目標がエリアからポイントに狭まり、ボールをピンの真上から落とすイメージになりますから、むしろクラブフェースを開き気味にして、バックスピンをかけやすくして、グリーンに乗せてからランを抑えるようなショットにしたいからです。

ショートアイアンはオープンに構える

体の回転が止まると、左に引っ掛けやすいショートアイアンは、オープンスタンスで肩、腰のラインを左に向けて、スライスボールを打つイメージを持つといい

ラフからのショットはカット打ちでフライヤーを抑える

アマチュアの皆さんが普段プレーしているコースのラフは、私たちがプレーしているトーナメントコースのラフと比べるとかなり浅いので、スムーズに振り抜くことができます。ところが、山なりに飛んでいったボールはグリーンに落下したあと止まらず、コロコロとグリーンをオーバーしてしまったという経験を持つ人も多いかと思います。これはインパクトでボールとクラブフェースの間に芝が挟まり、ボールにまったくスピンがかからないフライヤーという現象です。フライヤーは皆さんがプレーするようなスムーズにスイングできる浅いラフで起こるのです。

この飛びすぎを抑えるには、やはりスライス打ちのイメージでスイングするといいでしょう。 アウトサイド・インの軌道で、上からボールをカット打ちでとらえると、インパクトでの芝の抵抗を軽減できるので、フライヤーもまた同時に抑えられるのです。絶対にオーバーしないように、残り距離に対して、1クラブ短い番手でリストを返さず、体のターンで打つことが、ラフからのショットのポイントです。

カット打ちで芝の抵抗を軽減させ、フライヤーも抑える

ボールがラフに沈んでいたら、払うイメージではなく、スライスを打つように上から打ち込むイメージでカットに打つと、芝の抵抗とフライヤーを軽減できる

ディボット跡からはボールを右に置くだけ

スライスボールを打つイメージは、いろいろなショットで応用できます。ナイスショットがフェアウェイのセンターをとらえたが、ボールはアンラッキーにもディボット跡の中、こんな経験は誰にでもあるでしょう。ここでマイナス気分になっていては、ナイスショットは望めません。ディボット跡、あるいはフェアウェイバンカーからなどのトラブルも、スライス打ちがその状況から助けてくれます。

ディボット跡の中にあるボールは、通常よりもボールが沈んだ状態です。このようなケースでは、**スライスを打つように上から鋭角的にヒット**しなければいけません。アドレスでは、いつもよりボールを右足寄りに置くだけで、あとは普通のスイングをするだけでオーケーです。クラブヘッドよりもグリップが目標寄りに出たハンドファーストの構えにしただけで、上から自然にボールが叩けるのです。ただしフォロースルーは意識せず、打ったらそれで終わり、これがディボット跡からのショットの唯一のコツです。

ディボット跡ではボールを右に置いて鋭角的に振り下ろす

ディボット跡からはすくい打ちは厳禁。ボールを通常よりも右にセットし、ハンドファーストに構えるだけで、自然に上から鋭角的にヒットできる

両肩を斜面と平行に構える左足下がり

日本のゴルフコースは地形上、平らなライはティグラウンドくらいしかありません。厳密にいえば、平らに見えるティグラウンドでさえ微妙な傾斜があります。練習場でのナイスショットが本番で打てないというアマチュアゴルファーは、ゴルフコースの様々な傾斜地に対応できていないからではないでしょうか？　傾斜地からのショットを大別すると、左足上がり、左足下がり、つま先上がり、つま先下がりの4つのケースがあります。

まず、アマチュアの皆さんが最も苦手にしている左足下がりのライからのショットですが、このケースは右足が左足よりも高い位置にあるので、クラブを立てるようなイメージでバックスイングしなくてはいけない状況です。平らなライからのように低くテークバックすれば、後方の斜面にクラブヘッドが当たってしまうため、高いトップから低いフォロースルーで振り抜かなければいけません。

そのためには、アドレスで両肩を斜面に合わせて平行になるように立ちます。すると、意識しなくても自然に左足に体重がかかります。ボールの位置は通常よりも少し右にセットします。右ヒザを折って、両肩を水平にしようとすると、ボールを上から叩くことができず、その結果ダフってしまうので注意しましょう。

どの傾斜地からのショットにもいえることですが、それぞれ足場が不安定なので、スイング中の体重移動はできるだけ抑え、体のターンもやはり抑えます。平らのライからと同じようにスイングしてしまうと、下半身のバランスが崩れ、ミスショットにつながります。特にこの左足下がりのライは、特にバランスが乱れやすい状況なので、**アドレスでの左足体重のままスイングすることがポイント**になります。

左足に重心を感じながら、縦にバックスイングし、低い弾道のボールを打つつもりでショットに臨みます。注意点としては飛距離を欲張らず、コンパクトなスイングで確実にヒットさせることです。ただし、ダウンスイングで上体が左に流れてはいけません。しっかり、左足で踏ん張りましょう。このライからはボールは上がりにくい状況ですので、無理やり上げようとしてはいけません。右足側が高い状況ですくい上げてしまうようなスイングをすれば、当然結果はザックリ、チョロです。最悪の場合、空振りだってあります。最初から低いボールを意識して打つことが大事です。また、ボールが右に曲がりやすいライなので、あらかじめ目標を左寄りに設定してから、ショットに臨みましょう。

両ヒザの高さを変えないつま先下がり

　スタンスよりもボールの位置のほうが低いつま先下がりは、４つの傾斜地の中でも、最もスイングバランスを崩してしまう状況です。アドレスは普段よりもボールの近くに立つため、自然に上体の前傾角度が深くなります。体重は自然に任せると、つま先側にかかりますが、カカト側にも体重をかけ、足の裏全体が地面に吸いつくように、下半身を安定させることが必要です。そのためにスタンス幅は広めにとって、腰を落としてバランスを確保します。ボールポジションは、左足下がり同様に、通常よりも少し右に置きます。

　このケースは、ボールのほうが低い場所にありますから、やはりスイング軌道は縦振り、つまり自然にアップライトになります。やはりバックスイングはクラブを立てるように上げて、高いトップから低いフォロースルーをとる打ち方になります。ということは、**左足下がりもつま先下がりもスライスボールを打つイメージとまったく同じ**なのです。

　このライからのショットも、ボールが右に曲がりやすいので、やはり目標よりも左を狙って打ちます。ただし、クラブが長くてロフトが少ない番手ほどスライスしますが、ロフトの大きいショートアイアンは、気にするほど右には曲がりませんので、使用するクラブによって、ボールの曲がり幅を予測して、目標に合わせることです。

スライスボールを打つイメージといっても、あまり上から打ち込む意識が強すぎると、上体が前に倒れてしまいやすい状況ですので、飛距離を欲張らずに、下半身をがっちり安定させた状態で確実にボールをヒットしましょう。そのためには、**両ヒザの高さをスイング中にキープすることが、このショットの一番のポイント**になります。スイングの途中で頭が下がってしまえば、右肩が前に出てダフってしまいますし、クラブフェースが被ってしまえば、左に引っ掛けてしまうのも、このライからの特徴です。

傾斜地からのショットでは大振りは禁物です。このつま先下がりのライからももちろんコンパクトなスイングを心がけなくてはいけません。当然飛距離も通常よりも出ませんので、残り距離よりも大きな番手を選ぶ必要があります。余裕のある大きな番手でゆったり飛ばさないスイングが成功の秘訣です。アマチュアゴルファーで多く見かけるミスショットは大きな番手に持ち替えたにもかかわらず、目一杯振り回して犯すミスです。十分届くクラブで飛ばさないショットを打つのです。

右足体重のままで打つ左足上がり

左足上がりと次項で取り上げるつま先上がりは、フェードヒッターにはなかなかイメージと合いづらい状況です。左足上がりのライからのショットは、ボールも自然に上がりやすく、あまり苦手意識がないアマチュアゴルファーが多いようですが、それでもミスショットが出やすいライといえます。右足より左足のほうが高い位置にある状況ですので、上からダウンブローにヒットすると、当然インパクトで詰まってしまいますから、フォロースルーがとれないので、結果的にダフってしまうのです。

アドレスでは、自然に任せて右足に体重をかけたままにして、両肩を斜面に合わせて平行にして構えます。ボールポジションは、通常のフラットなライで打つときよりも右足寄りにセットします。このライからのショットも下半身をできるだけ安定させて、体重移動を抑えてスイングをするため、右足寄りに置くのが基本になります。ほとんどフラットに近い緩やかなライであれば、左足カカト線上にボールを置いてもいいのですが、斜面が急で足場が不安定になるほど、ボールポジションは右足寄りにしてください。

この左足上がりの状況では、右足体重にアドレスをとり、低いトップから高いフォロースルーというスイングをします。傾斜に沿ってスイングができるため、比較的簡単にジャストミートできるので、アマチュゴルファーにはあまり苦手意識がないでしょう。つまり、**アッパーにカチ上げて、フックボールを打つようなイメージ**でいいのです。もちろん、実際のボールもフック系の球筋になりますから、目標を右に設定してから構えてください。

アドレス時の右足体重のままの状態でスイングするためには、軸をキープしておかなければいけません。バックスイングを正しく上げることができても、ダウンスイングでボールを叩きにいくと、上体が左に流れてしまい、クラブヘッドが上から入ってしまい、それでダフってしまうアマチュアゴルファーが多いのです。このライからのミスショットは圧倒的にダフリなのです。

また、ボールを打ち終わったあとに、反対に上体が後方に反り返ってしまうのも、大きなミスショットの原因です。振り抜いたあとも、最後まで下半身を安定させたまま、軸をしっかりキープできるようにコンパクトなスイングを意識して、フィニッシュではバランス良く立っていられるような力みのないゆったりした動きが成功のカギです。一見、簡単そうに思えるライですが、落とし穴はありますので、慎重に臨んでください。

両手を使わず、体のターンで打つつま先上がり

傾斜地からのショットの最後はつま先上りのライです。スタンスよりもボールの位置が高い状況では、上から打ち込むことはできず、フラット（横振り）な軌道で打たなければ、ジャストミートできません。このケースでは、クラブヘッドを胸の高さに上げてスイングするような水平素振りと同じような感覚のスイングになります。ボールの位置が高い分、いつもより少しボールから離れて立ち、上体を起こして構えます。ダフリを防止するため、クラブは短めに持ちましょう。

このライからのショットは、インパクトからフォロースルーにかけて、クラブヘッドが返りやすく、フックボールが出やすい状況です。特にロフトが大きくなるショートアイアンほど左に引っ掛けやすいということを考慮して、目標を右に設定します。このライでも、ボールは右足寄りにセットし、体重移動を極力抑えてコンパクトにスイングするという点は、他の傾斜地からのショットと同じです。飛距離を欲張ると、力んでしまい、さらにクラブフェースが返ってしまって、ダックフックが出ますので、両手を使って打つというイ

メージを捨て、**体のターンでボールをヒットする意識**が重要なポイントになります。

フックボールが出やすいという状況では、距離を抑えたショットを打ったつもりでも、予想以上にランが多く出て、グリーンオーバーしてしまうということもあります。基本的には、通常よりも番手が大きめのクラブチョイスをしますが、グリーン奥にトラブルゾーンがあるホールでは、短めのクラブで花道狙いというのも、スコアメイクする上では賢いマネジメントといえます。

4つの傾斜地からのショットの注意点をレッスンしてきましたが、共通点がいくつかありました。まず、どんな傾斜地であっても、傾斜に合わせたアドレスをするということが第一です。そして、飛距離を欲張らずに、コンパクトなスイングで確実にヒットするということ。ただでさえ不安定なライからのショットですので、目一杯振り回したり、力んだりすることは、バランスを崩すだけです。傾斜がキツくなるほど、ミスショットの確率は高くなることを肝に銘じておきましょう。

アドレスに入る前には、必ず軽く素振りをして、傾斜に逆らわずに、クラブがスムーズに振れる構えやスイングイメージをはっきり描いておきましょう。

フェアウェイバンカーからはトップボールを打つイメージ

フェアウェイバンカーに入れてしまった場合、一番やってはいけないミスはダフリです。飛距離をロスするだけではなく、最悪の場合はもう一度同じバンカーから打たなくてはいけませんから。この絶対にやってはいけないダフリを防止し、正確にボールをヒットするために、まずボールを通常よりも右めに置きます。アドレスでの体重配分は左足6、右足4の若干左足体重です。ボールを上げたい気持ちが強いと、右足体重になりやすいので注意しましょう。両手の位置は普段通り左の太モモの前で、ハンドファーストに構えます。これですくい上げず、自然に上から叩ける体勢ができます。

これで打ち込む構えができているので、意識して上から打つ必要はありません。インパクトで頭が下がってしまうと、逆にダフってしまうからです。スイングイメージは前にレッスンしたディボット跡からのショットと同じですが、スタンスが砂の上ですので、足場が不安定です。そこで左足体重のまま、最後まで左足を軸にして、コンパクトにスイングします。クラブを縦に上げたら、低く振り抜くというスイングイメージです。

まだグリーンまでかなり距離のあるショットですので、自然に力んでしまい、またボールも上げたいという思いが、ダウンスイングで右肩が下がってしまう、これらはすべてダフリにつながります。

クラブ選択は、まずは前方のアゴを確実に越すことができる番手を選ぶことが大前提ですが、グリーンまで届かせたいと思って、フェアウェイウッドやロングアイアンという長いクラブを選択することは極力避けて、次のショットが打ちやすいエリアを狙ったほうが賢明でしょう。ミドルアイアン以下でグリーンを狙える距離であれば、通常よりも1番手大きめなクラブでグリーン手前の花道狙いでいけば、大きなミスにはならないはずです。

フェアウェイバンカーで絶対やってはいけないミスがダフリなら、同じミスでもやってもいいミスはトップです。理想はボールだけをクリーンに拾って、ナイスショットを打てればいいのですが、これはダフリと紙一重です。それならば、飛距離のロスが少ないトップボールのほうが、何十倍もマシなショットです。頭をアドレスの高さにキープして、ボールをクリーンにとらえやすくするためにも、ちょっとぐらいトップしたっていいんだという気軽な気持ちでショットに臨むのが、フェアウェイバンカーからのショットの心構えといえるでしょう。

ダウンブローに打つから、ロフト通りの弾道になる

アイアンショットはグリーンあるいはピンを直接狙うクラブですので、正確な距離感が要求されます。それには各番手のロフト通りの弾道が求められますが、ダウンブローに打ち込まなくては、なかなかロフト通りのボールは打てません。アイアンは上から打ち込まなくてはいけないことは理解していても、ボールを上げたい気持ちが強いからか、すくい打ちをしている人をよく見かけます。

ダウンブローとは、スイング軌道の最下点の前でボールをヒットする打ち方で、打ったあとにはターフが取れるのが自然です。そのためには、アドレスでは左足体重でハンドファーストに構えます。ハンドファーストになるほど、ボールへの入射角が鋭角的になります。バックスイングでも左足体重のまま、ボールを地面に埋め込むような極端なイメージで上からツブします。もちろん左の頬のカベを意識して、ビハインド・ザ・ボールです。アイアンはすくい打ちは上達を妨げます。ボールはロフトが勝手に上げてくれるのです。

ボールを地面に埋め込むイメージを持つ

仮にここの部分が
取れるように打つ

ダウンブローとはスイングの最下点の前でボールを打つ打ち方だ。ボール前方のターフが取れるのが自然。ボールを地面に埋め込むくらいの意識で打ち込む

ラフからのショットに力は不要

一口にラフといってもファーストカットの浅いラフとボールが半分以上沈んでいる深いラフがあります。まず、芝の上にボールが浮いているような浅いラフは、冬場などではフェアウェイよりも打ちやすい状況ですが、ボールの下に空間があるため、力任せに打つと、クラブフェースの上部にボールがヒットしてしまい、思ったよりも飛距離が出ません。このような浅いラフからは上から打ち込まず、ボールの高さを見極めて、**レベルにサッと払い打ち**をすることです。

ボールが半分以上沈んでいるラフからのショットは、つい力一杯打ちたくなる状況ですが、このケースもまたクラブヘッドはボールの下に入り、フェースの上に当たってしまい、やはり飛距離が出ません。**ラフが深くなるほど、腕力ではなく、体を使ったボディターンのスイングを意識して、最後まで振り抜いていきます。**ロフトの立っているクラブほど芝の抵抗力が強くなるので、残り距離よりも振り切れるクラブを選択するようにしてください。

腕力ではなく、体の回転で打つ

浅いラフでは払い打ち
深いラフでは
ボディーターン

ラフに止まっているボールの下には空間があるため、クラブフェースの上でヒットしやすい。浅いラフでは払い打ち、深いラフではボディターンを心掛ける

難しい3番ウッドショットは直《じか》ドラでマスターする

最近はロングアイアンをキャディバッグから抜いている人が多いので、アマチュアゴルファーが最も苦手にしているクラブは、3番ウッド（スプーン）ではないでしょうか？　そのスプーンを打ちこなすための練習法でお勧めしたいのが、**ドライバーの直打ち（直ドラ）**です。つまり、ティアップしないで、マットの上のボールを直接打つ練習です。この状況では、下からすくい打てば、ダフってしまいますし、上から打ち込めば、トップしてしまいます。しっかりヒットさせるには、レベルスイングで払い打つしかありません。

この練習はビギナーレベルではとても難しいかもしれませんが、スイング軌道の狂いも理解できますし、**レベルブローの払い打ちが習得できる練習法**です。さすがに直打ちは無理という人は、低いティアップから始めても構いません。そこそこ当たるようになったら、マット上にボールを置いてみましょう。しゃくり上げたり、打ち込んでいる限り、ボールは上がってくれません。しっかりレベルブローにヒットしたときだけ、ライナー性のボールが出ます。これがマスターできたら、一番難しい3番ウッドも簡単に思えますよ。

最初は低いティアップから始め、直ドラへ

一番難しいスプーンでのショットを克服したいなら、ドライバーの直打ちの練習がお勧め。アッパーに打てばダフリ、打ち込めばトップ。レベルに払い打つしかない

バンカーショットはフェースを開く

バンカーショットはサンドウェッジを使用するのが基本ですが、その理由を知らない人も意外に多いようです。このクラブのソール部分を見ると、他のクラブよりも丸くなっているはずです。これを**バンス**と呼びます。

バンカーショットはボールを直接打たず、周りの砂を爆発させるように打つことからエクスプロージョンショットといいますが、クラブフェースで打つ意識は不要で、ソール部分をボールの下の砂の中に潜らせて振り抜くイメージのショットです。**丸みのあるバンスを利用することがこのショットのポイント**です。

インパクトでの抵抗が大きいショットですので、ピンまでの距離よりも大きめなスイングでしっかり打ち込む必要がありますが、ロフトがありますので、大きく振っても飛びすぎない設計になっています。アドレスでクラブフェースをピンに向けて、そのままフェースを上に向けるように開きます。そしてグリップをして、肩、腰、スタンスを左に向けます。クラブフェースを開くのは、バンスを利用しやすくするためです。

バンスを砂の中で滑らせる

体の向きはピンに対してオープンだが、クラブフェースの向きはピン方向。ボールの位置は左足カカト延長線上にすれば、自然にダフれるアドレスになる

スイング軌道を変えて、止める、転がすバンカーショット

ピンまで比較的近いバンカーショットは、前項でレッスンしたように、サンドウェッジのクラブフェースを開いたエクスプロージョンショットで打てば、ボールは高く上がり、それほどランのない球が打てます。フェースを大きく開くと、ボールが右へ飛んで行きそうですが、そのイメージが薄れるまで、ボールを中心として、左に向いてオープンスタンスをとります。そのスタンスに沿って、アウトサイド・インの軌道で上から打ち込めば、ボールは高く上がってスピンも効いているため、グリーンに落下後、ピタリと止まります。

ピンまで距離があって、ボールをグリーンに落としてからランを使い、転がして寄せたいケースでは、通常のバンカーショットよりもボールを右に置いて、スタンスを右に向けてください。そのスタンスに沿って、インサイド・アウトに振り抜くのです。すると、ボールにはフック回転がかかりますので、ランの出るボールになるのです。

要するに**高く上げて止めたい場合は、フェードボールを打つイメージ、転がしを多く使いたいときは、ドローボールを打つイメージ**なのです。

キャリーとランは軌道でコントロールする

ピンまでの距離が近いときは、フェースを開いてオープンに構え、アウトサイド・インの軌道で。遠い場合は右を向いてインサイド・アウトに振ると、落下後にランが出る

30ヤード以上のバンカーショットはクラブを替える

サンドウェッジでのエクスプロージョンショットの限界の距離は約30ヤードですので、大抵のガードバンカーに入れてしまった場合は、サンドウェッジで対応できます。ところが、サブグリーンのガードバンカーに入れてしまった場合などは、このエクスプロージョンショットでは届きません。普通に打てばショートしてしまうし、グリーンにボールを打てば、グリーンオーバーのホームランという結果も十分ありえます。

こんなときは、バンカーショットはサンドウェッジで打つものという概念を捨て、サンドウェッジよりもロフトの立っているアプローチウェッジ、あるいはピッチングウェッジに持ち替えましょう。打ち方は通常のサンドウェッジでのエクスプロージョンショットと同じです。インパクトで加減する必要はまったくありません。ロフトが立っている分、なんの小細工もすることなく、簡単に距離を出すことができます。

1本のクラブで距離をコントロールするよりも、残り距離や状況に応じてクラブを替えます。アプローチショットのような思考をバンカーショットにも取り入れましょう。

クラブを替えても打ち方は同じ

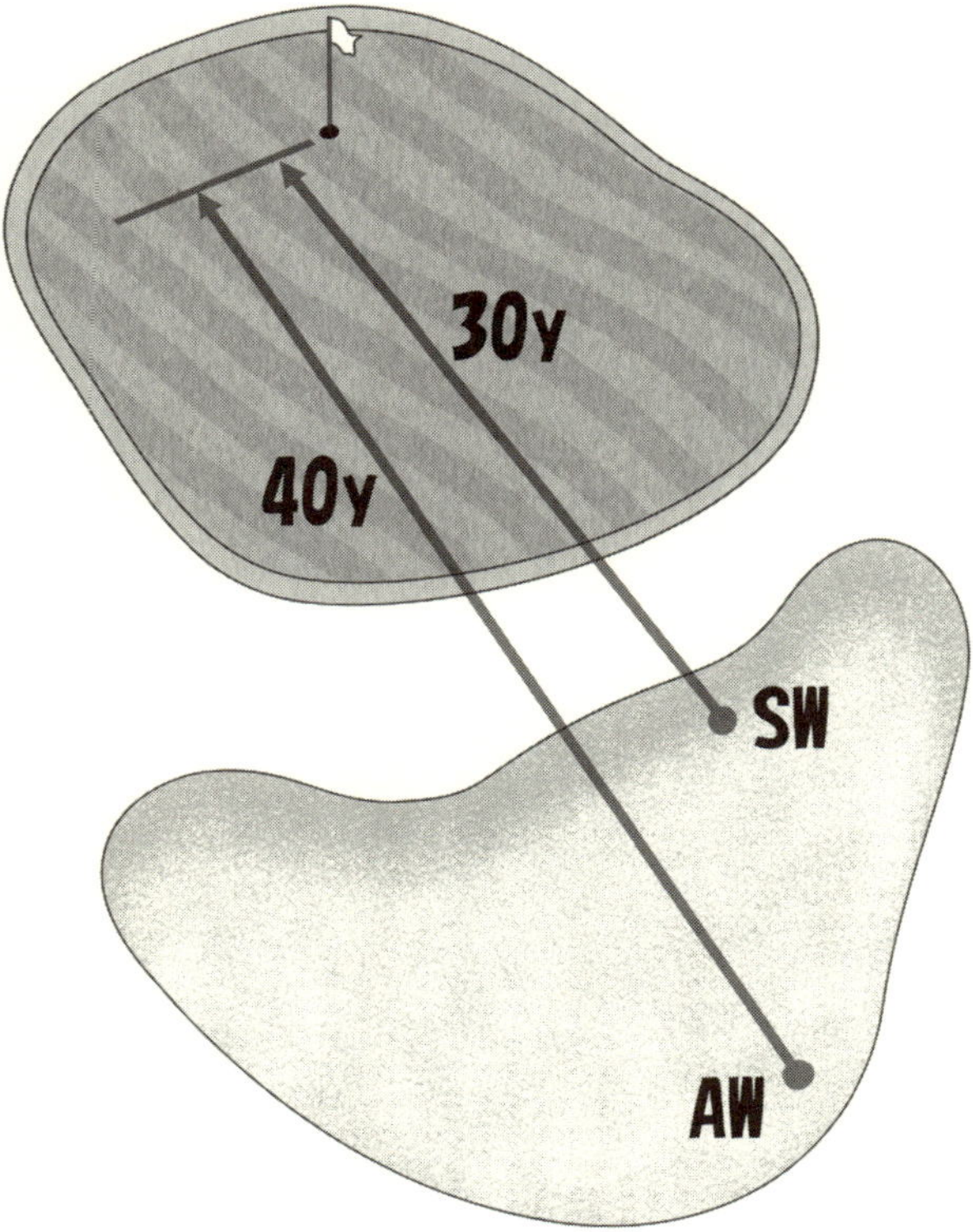

サンドウェッジでのエクスプロージョンショットの限界は約30ヤードまで。それ以上の距離になったらアプローチウェッジなどロフトの立ったクラブに持ち替える

第3章

ショートゲーム

HIROYUKI FUJITA

ボールの位置で打ち分けるアプローチショット

グリーン周りからのアプローチショットには、様々な状況があり、いろいろな打ち方があります。基本的に転がしていくランニングアプローチ、上げて転がすピッチ&ラン、そして上げて止めるピッチショットの3つに分けられます。グリーンエッジまでの距離、ピンまでの距離、傾斜やハザード越えなどの状況を考慮して、打ち分けていくのがアプローチショットです。

3つの打ち方の一番の違いはボールの位置です。まずは両足を揃えるくらいにスタンスを狭くして構えます。転がす場合は、ボールをスタンスの中央よりも右足寄りにセットします。自然にハンドファーストの構えになり、クラブのロフトが立ち、ボールは低く転がります。上げて転がすピッチ&ランの場合はスタンスのほぼ中央にセットします。キャリーとランの配分は5対5くらいです。上げて止めるピッチショットは、オープンスタンスの度合いを強めて、ボールを左足寄りにセットすれば、ロフトも大きくなり、ボールが上がりやすくなります。**同じクラブでもボールの位置で3つの打ち分けができるのです。**

右に置くほどランは多くなる

転がす、上げて転がす、上げて止めるという３つの打ち分けは、基本的にはボールの位置を変えるだけ。クラブ選択は状況によって決める

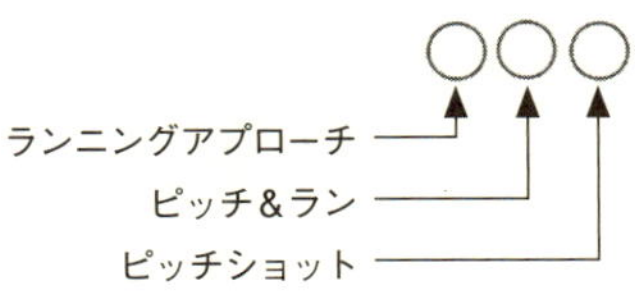

最初からインパクトの構えをするランニングアプローチ

最初からボールを転がしていくランニングアプローチは、3つのアプローチの中でも比較的簡単でミスの少ないショットといえるでしょう。グリーンエッジまでの距離が近く、転がせる距離が長い状況ならば、ランニングアプローチを選択するべきです。

使用クラブはプロでも人それぞれですが、7番アイアンからピッチングウェッジくらいを状況によって使い分けている人が多いようです。アマチュアの場合、**7番アイアン**のようなロフトが立っているクラブが無難です。その理由は、パッティングに近い感覚で打てるし、距離感がイメージしやすいからです。しかし、ピンまでの距離が近かったり、下りのラインで、転がりを抑えたいときには、9番アイアンやピッチングウェッジを使ったほうがいいというケースもあります。もし、パターが使えるのであれば、転がすならパターがベストな選択であることは間違いありません。アドレスはスタンスを狭め、軽くオープンスタンス、ボールは右足つま先の前。ハンドファーストの構えになりますが、**これがインパクトの体勢です。**あとは両手首を固め、パッティングの要領で打ちます。

ボールは右足の前、ハンドファーストに構える

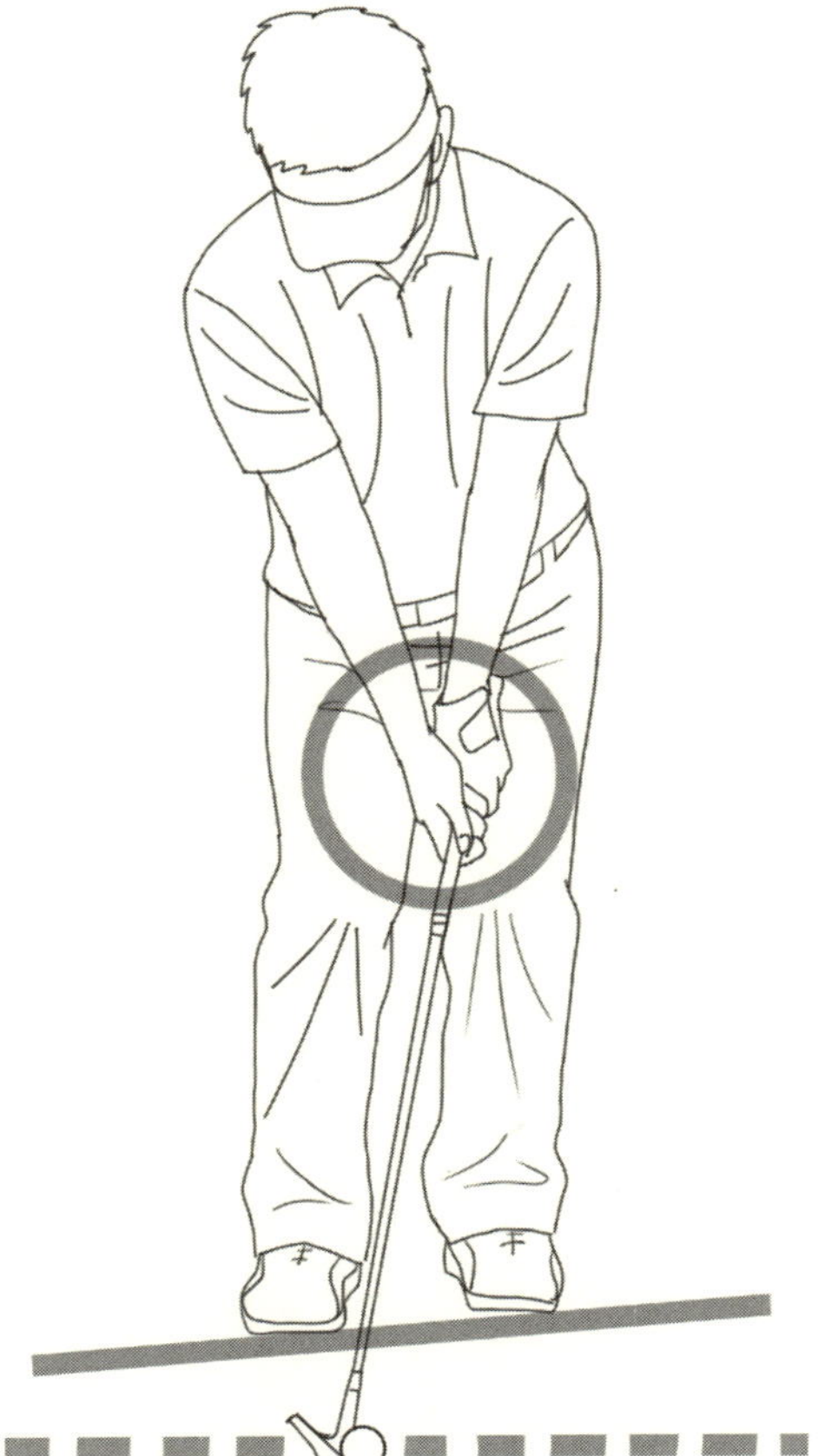

スタンスを狭め、軽くオープンスタンス、ボールを右足のつま先の前に置けば、ロフトも立ち、ハンドファーストになる。これがインパクトの体勢だ

ボールの落とし場所を明確にする

ランニングアプローチといえども、パッティングのように最初からボールが転がっていくわけでなく、インパクト後に少しはキャリーがあります。たとえば、グリーンエッジまで2ヤード、ピンまで10ヤードという状況ならば、3ヤード上げて、9ヤード転がすという計算になります。グリーンエッジの先に落として、あとは転がしていくというイメージを描きますが、意識してボールを上げてはいけません。仮に7番アイアンを持ったら、ボールが少しだけ上がって、グリーンエッジの先で落ちてくれるものだと、7番のロフトを信じて打つことです。パッティングと同じように、最初から上げることはイメージせず、転がしていくつもりで打てば、ダフリ、トップというミスも防止できます。

また、転がる距離が長いため、グリーン上のアンジュレーションもパッティング同様に、よくラインを読んでおかなければなりません。大体あの辺りに落とせば、傾斜に乗ってピンに寄っていくといった**落とし場所を明確に決めてから、ショットに臨まないといけない**のが、ランニングアプローチのポイントです。

落とし場所に集中してアドレスに入る

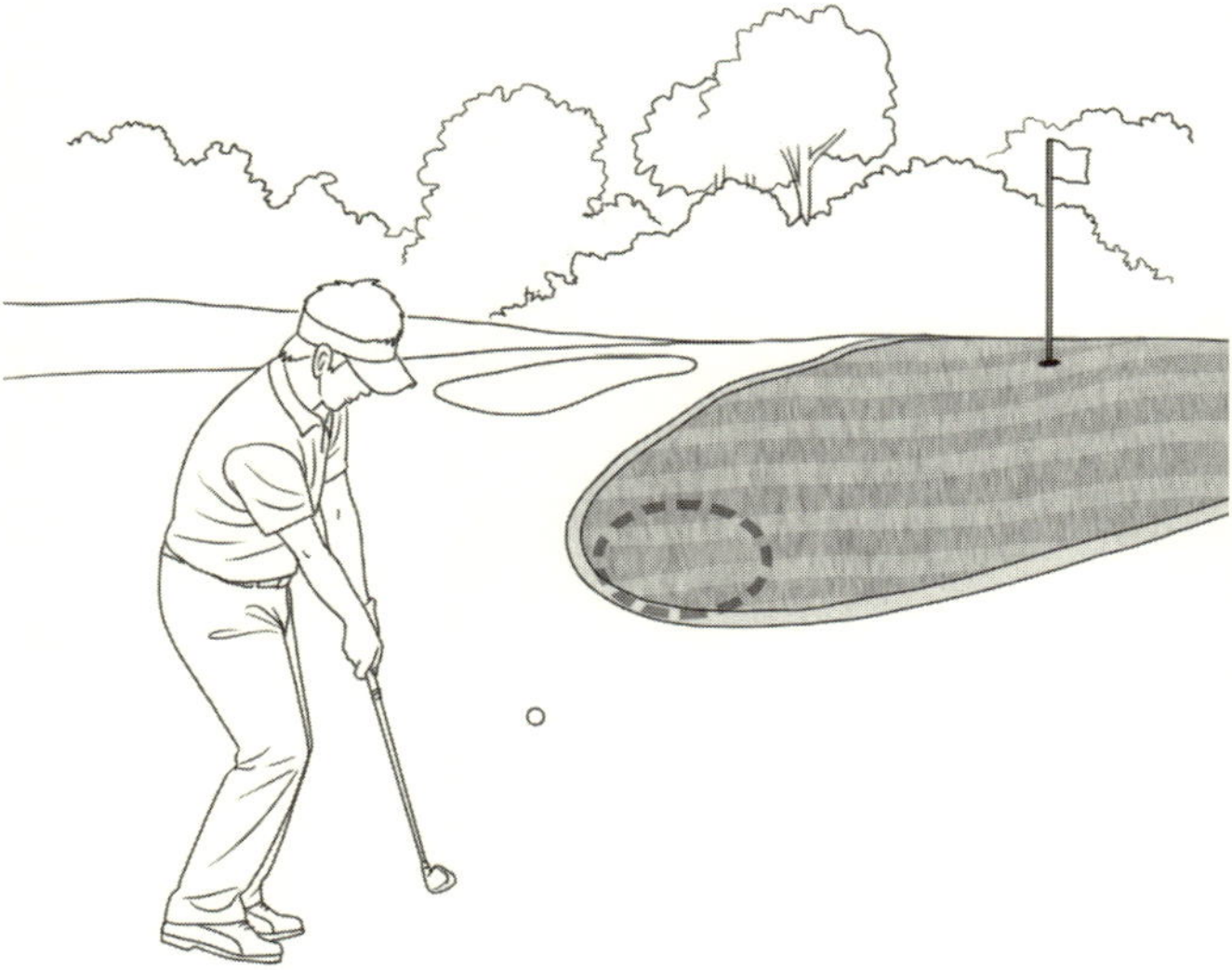

グリーンのアンジュレーションを読んだら、グリーンエッジの先の落とし場所を明確に決める。あとはパッティングの要領で最初から転がすつもりで打つ

クラブヘッドの重みで打つピッチ&ラン

グリーンエッジまで距離があって、キャリーを多めに出して、グリーンに直接落とし、それから転がして寄せるピッチ&ラン。使用クラブは9番アイアンやピッチングウェッジといったランニングアプローチで使うクラブよりもロフトが大きいクラブを使用します。アドレスではボールをスタンスの中央にセットするだけで、あとはランニングアプローチ同様の構えです。グリーンのアンジュレーションをチェックしたら、どのくらい上げて、どのくらい転がすかというイメージをはっきりさせておきます。そこで、ランニングアプローチのように、やはり落とし場所を明確にしておかなければなりません。

落とし場所の距離が長くなる分、バックスイングが大きくなりますが、スイングイメージはランニングアプローチとほぼ変わりません。スイング中、リストを使ったり、下半身を使ったりしないで、**両手にクラブヘッドの重みを感じながら、打ち急がずに一定のテンポでスイングします。**ロフトの大きいクラブを持っているので、小細工しなくてもボールは自然に上がるという気持ちで臨みましょう。

打ち急がず、ゆったりスイングする

両手にクラブヘッドの重みを感じられれば、打ち急ぐことなく一定のテンポでスイングできる。ロフトの大きいクラブなので、上げようという意識は不要

右手打ちで右手首を固定する

アプローチショットはスイングが大きくないため、つい小手先だけで打ってしまいがちです。ボールを上げようとすくい上げたり、ピン方向に寄せたいためにフォロースルーを真っ直ぐ出したりすると、インパクトで両手首の角度が変わってしまい、クラブフェースが正しく戻りません。

私が普段から注意しているのは、**アドレスでの右の手首の角度をスイング中キープしておく**ということです。右手首はフェースの向きをスクエアにしておくための大事な部分なのです。右手1本だけでクラブを持ってボールを打ってみると、右手首を固めたスイングイメージが理解できると思いますので、皆さんも練習場で試してみてください。

もうひとつ、小さいスイングといえども体のターンで打つことが大事です。バックスイングでグリップが右腰の高さに上がったとき、シャフトは飛球線に対して平行で、フォロースルーで左腰の高さでも平行になります。このようにインサイド・インの軌道で振れば、体のターンと腕の振りが一体となり、正確にインパクトできるのです。

右手首の角度をキープしたままスイング

右手1本でボールを打ってみると、右手首を固定したスイングイメージが体感できる。右手首の角度が変わると、正確にインパクトできない

ピッチショットはボールの下にクラブヘッドを通す

ボールの位置とグリーンエッジまでの距離が比較的あって、その間にバンカーやラフなどの障害物があり、なおかつピンが近いという厳しい状況では、上げて止めるピッチショット（ロブショット）で寄せなくてはいけません。ボールを上げるだけなら、ピッチングやアプローチウェッジでもいいのですが、できるだけランを抑えて止めたいとなると、使用クラブは一番ロフトの大きいサンドウェッジになります。

アドレスではオープンスタンスをとります。ボールの位置は左足カカト内側の延長線上です。キャリーを多めに出す分だけ、スイングの振り幅はピッチ&ランよりも大きくなりますが、スイングイメージ自体はそれほど変わりません。アドレスでの右手首の角度をキープしたまま、両手にクラブヘッドの重みを感じながら、体のターンで振っていきます。

インパクトまでは下半身を止め、ボールの下にクラブヘッドを通すイメージで振り抜いたあとは、腰と肩をゆっくりターンさせます。距離の割には大きいスイングですので、勇気も必要ですが、打ち急がずに、リズム感が必要なショットといえます。

クラブヘッドの重みを感じながらスイング

落とし場所まで距離があるため、振り幅は大きくなるが、スイングイメージはピッチ＆ランとほぼ同じ。振り抜いたあとは、肩と腰をゆっくりターンさせる

右手でボールを投げるイメージで距離感を出す

ピッチショットを打つ場合、ランはほとんど計算せず、ピンを直接狙う気持ちが強いので、キャリーの距離感を打つ前に明確にしておかなければなりません。そのためには**右手のフィーリングが大切**です。イメージとしては、**ボールを右手で持って、下から落とし場所に投げる感覚でスイング**します。どういうことかというと、見た目の距離感でスイングするということです。バックスイングやフォロースルーの大きさを思い描くのではなく、ピンまでの距離を見ながら、素振りを繰り返し、目で見た印象を元にスイングするのです。

アドレスで距離感のイメージが浮かばないままスイングに入ってしまうと、バックスイングが大きすぎて、それを修正しようとインパクトで緩んだりします。また、ボールを上げようと、つい手首をコネてしまったり、目の前に障害物があるにもかかわらず、ザックリなどというミスに直結してしまいます。

アドレスに入る前に素振りでスイングイメージをつかんだら、グリップの力加減や右手首の角度をキープしたまま、ボールをしっかりヒットさせるだけです。

見た目の距離感でスイングする

キャリーさせる距離感がイメージできないときは、右手にボールを持ってピンまで投げる感覚をイメージする。目で見た距離感を頼りにスイングすることだ

打ち方を変えずに番手を替える

アプローチショットにおける私の基本的な考えは、グリーンエッジから2〜3ヤード先のグリーン面にボールを落としてピンまで転がして寄せるというのが大前提になっています。使用クラブは、落とし場所からピンまでの距離を転がるロフト角を考えて選びます。

プロゴルファーには2つのタイプがいて、1本の得意クラブで距離や球筋を打ち分けて寄せるタイプと、私のように落としたあとのピンまでの距離に応じて使用クラブを替えていくタイプがいます。1本の得意クラブを作って、クラブフェースを開いたり、ボールの位置を変えたりして打ち分けるのもいいですが、それではスイングが複雑化していくので、アマチュアの皆さんは私のように、**打ち方は同じで、転がす距離に対してクラブを替えるという方法が、シンプルでミスは少ない**はずです。ピンまでの距離があれば、ロフトの少なくよく転がる番手を、近ければロフトが大きな番手で、あまり転がらないクラブを選択することをお勧めします。

番手を替えても、スイングは同じ

ボールの落とし場所からピンまでの転がす距離でクラブチョイスするのが基本。打ち方は変えずにクラブを替えるという合理的な考えだ

強いボール、柔らかいボールの打ち分け

グリーンエッジからピンまでの距離が長く、どの番手を使ってもランが足りないという状況もあります。そんなケースでは、**勢いのある強いボールでランを出します。**左足に体重をかけ、スタンスのセンターよりもボール1~2個分右足寄りにセットすると、クラブのロフトが立ち、クラブヘッドの入射角も上から入ります。それで、ボールに前へ行く力が強くなって勢いよく転がっていきます。どの番手でどのくらいランが出るか、自分なりに把握し、グリーンの状況によってクラブを選択しましょう。

反対にピンがグリーンエッジから近く、一番ロフトの大きなサンドウェッジを使っても、カップをオーバーしてしまうという状況もあります。そんなケースでは、**クラブフェースを大きく開いて高いボールで、スピンで止める方法**をとります。フェースを大きく開くほど、フェースは右を向き、右に飛び出しそうですが、バンカーショットと同様にその感覚がなくなるくらい左を向いて構えます。ボールの位置は左足寄り、体重配分は左右均等かやや右足体重。打ち急がずゆったり大きくスイングすれば、ボールは柔らかく上がります。

ボールの位置とフェースの開閉で調節する

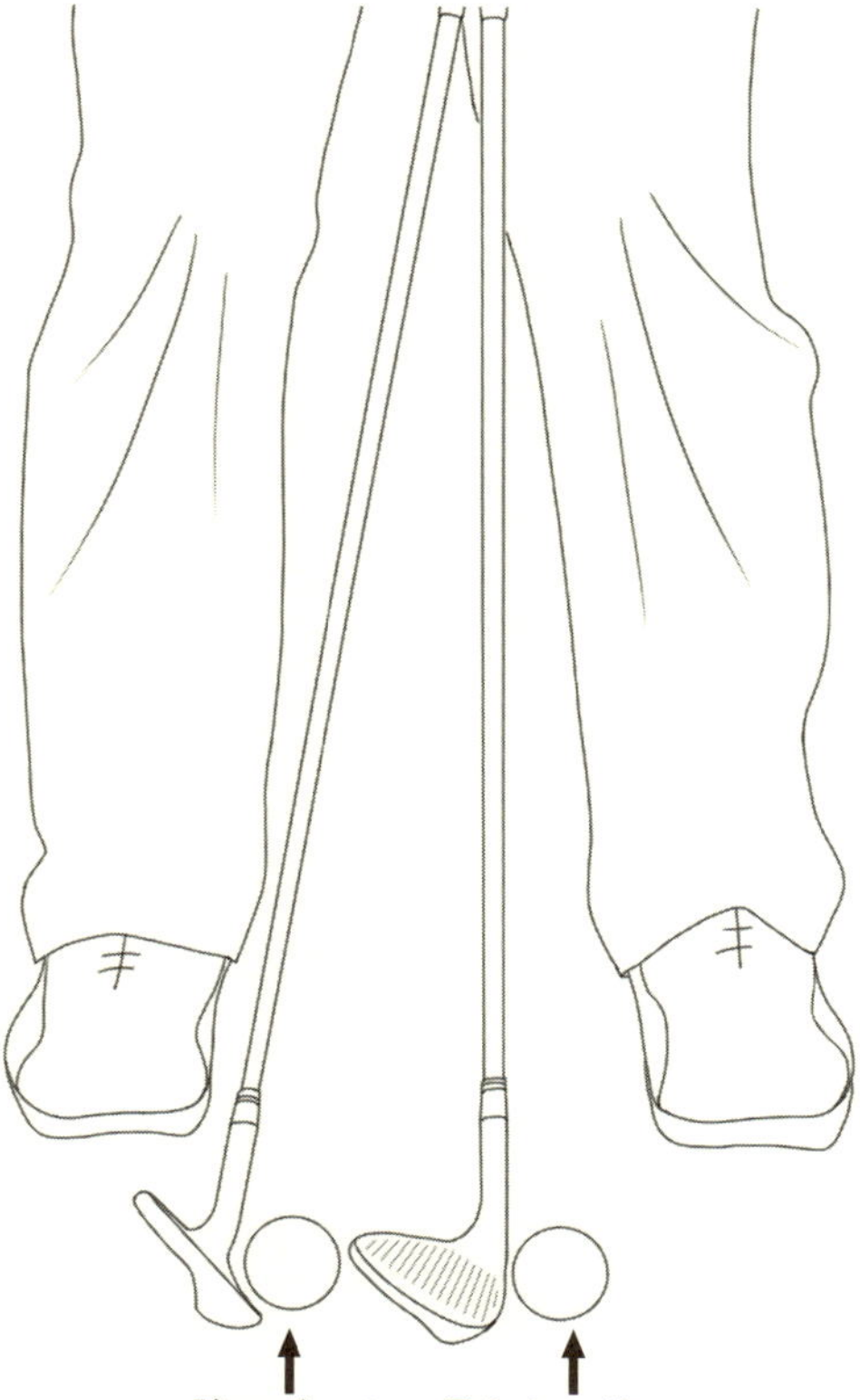

強く勢いのあるボールで転がしていきたいときは、ボールを右に置いて、使用クラブのロフトを立てる。柔らかいボールで距離を出したくないときは、左にボールを置いて、大きくフェースを開く

ハーフショットとスリークォーターショットで距離感を養う

私はできるだけピンまでフルショットで打てる距離が残るようにプレーすることを心がけていますが、ときには中途半端な距離が残り、コントロールショットを打たなくてはいけない状況もよくあります。私の持っている一番短い番手はサンドウェッジです。ロフト角は58度ですが、フルショットの距離は80～85ヤードです。コントロールショットをしなくてはいけない状況とは、この距離よりも短いときです。サンドウェッジで右腰から左腰までの振り幅であるハーフショットの距離が30ヤード、右肩から左肩までのスリークォーターショットでは50ヤードです。

中途半端な距離というのは、70ヤードや40ヤードの距離です。たとえば、70ヤード残っているときは、50ヤードのスリークォーターショットでスイングスピードをやや速くして距離を合わせ、40ヤードならやや緩めるように調節しています。皆さんも**右肩から左肩までのスリークォーターショット、右腰から左腰までのハーフショットでどれだけの飛距離が出るのかを確認して、その距離をベースにして中途半端な距離を調節しましょう。**

コントロールショットはスイングスピードで調節

フルショットだけではなく、右肩から左肩までのスリークォーターショット、右腰から左腰までのハーフショットの飛距離を把握し、中途半端な距離に対応する

アドレスでインパクトの形を作っておく

ロブショットのような高度なテクニックを要するショットを打つのは、1ラウンドに1回あるかどうかで、特殊なアプローチです。大抵の寄せは、ランニングアプローチかピッチ&ランで事は足りるはずです。そのアプローチもキャリーの距離や転がる距離は、その人の打ち方や使用クラブによって異なります。この番手なら、どのくらい上がって、どのくらい転がるのかを、普段の練習でつかんでおくことが大切です。

正確な距離感と方向性が求められるアプローチショットでは、インパクトがかなり重要になってきます。そこで、**アドレスの段階でインパクトの形を作っておく**ことです。「インパクトはアドレスの再現」とはよく使われる言葉ですが、実際にその形を最初から作ることで再現性は高くなります。左足体重でハンドファーストにして、腰も先行させ、少し開いておくのです。スタンスはスクエアかややオープン、小さいショットですが、手先でバックスイングせず、肩の回転でスイングすることを心がけ、クラブヘッドを元の場所へ落とすだけのシンプルなショットが、正確な方向性と距離感を生むのです。

左足体重でハンドファーストに構えておく

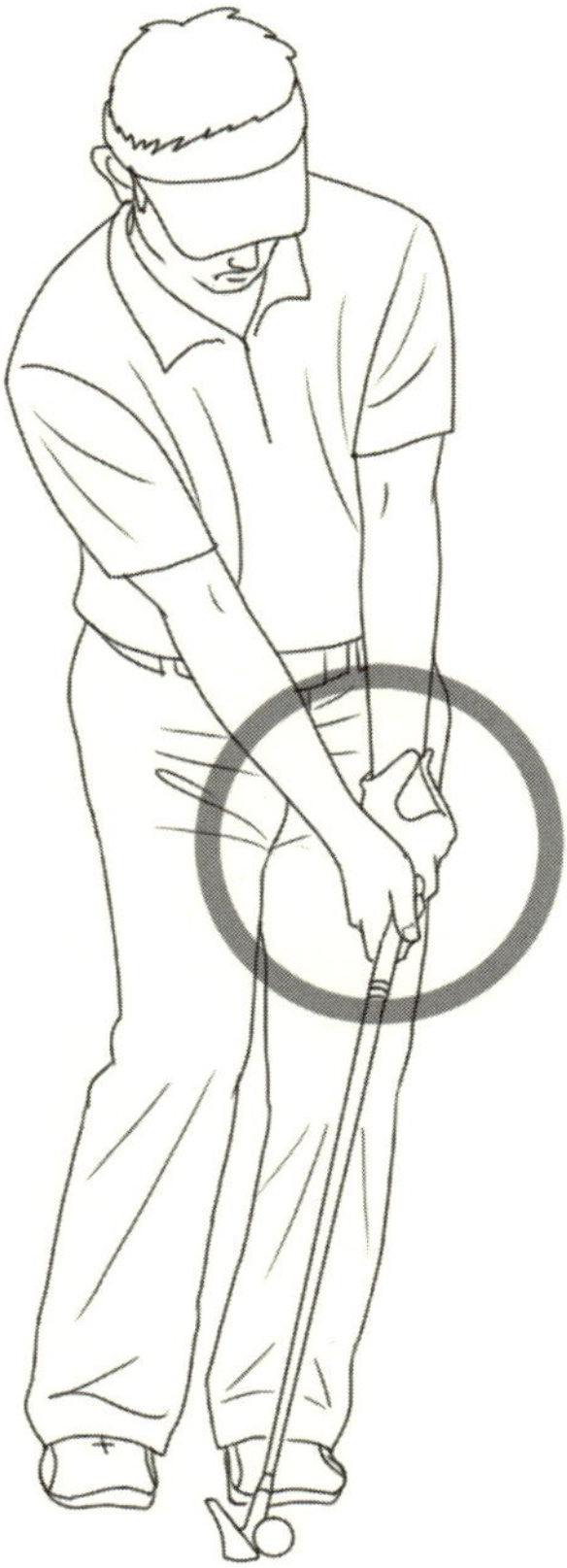

ランニングアプローチやピッチ＆ランでは、最初からインパクトの構えをしてアドレスをすると、インパクトを再現しやすく、正確にボールを打つことができる

スイング幅は常に左右対称を心掛ける

アプローチショットは、ドライバーショットなどのようなフルショットではありませんから、ボールが大きく曲がるといったミスショットは出ませんが、ダフリやトップといったミスが多発します。その原因は大きなバックスイングだと本能で感じてしまうと、インパクトを弱めてしまったり、小さすぎるバックスイングに対してインパクトでパンチを入れて、強めにヒットしているからだと思います。アプローチのような小さなハーフショットでもスリークォーターショットでもインパクトで加減してしまうことは禁物です。

グリーン周りからのショットでは、距離感はインパクトでコントロールするのではなく、振り幅で調整するのです。バックスイングで手を右腰まで上げたら、フォロースルーは左腰まで、右肩まで上げたら左肩までというように、**常にバックスイングとフォロースルーの振り幅は同じで、左右対称のスイングをしなければいけません。**振り幅で距離をコントロールすることで、小手先で打つこともなくなり、アプローチもしっかり体のターンで打つことができるようになります。

距離感はインパクトの力加減ではなく振り幅で出す

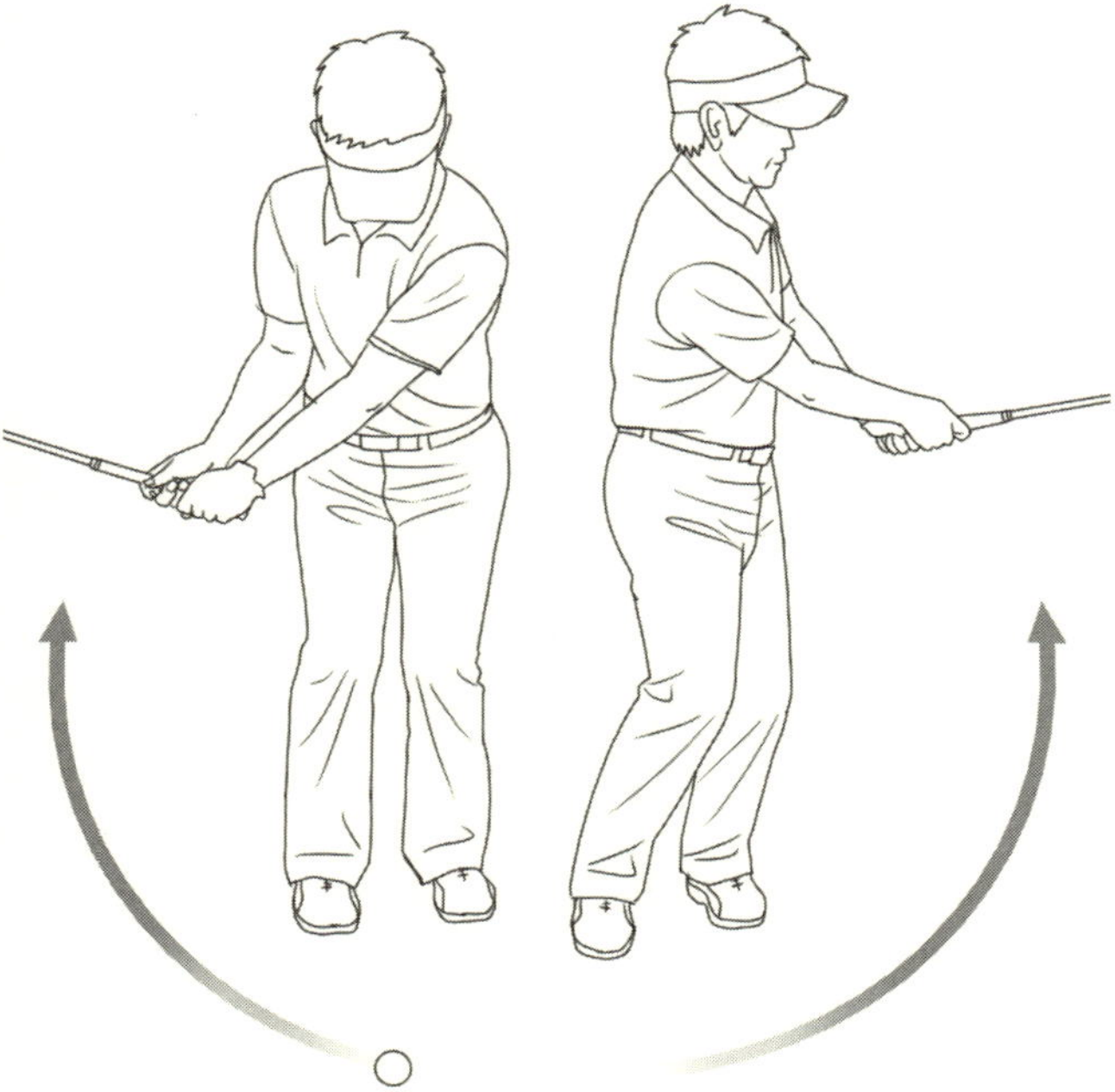

アプローチショットの距離感はインパクトの力加減ではなく、スイングの振り幅で調節する。バックスイングで上げた分だけ、フォロースルーを出す

ラフからのアプローチは高さでボールを止める

ラフからのショットはスピンがかからないため、グリーンに落ちたボールは止まりません。そこで高さを出して止める方法を紹介しましょう。まず、ボールの近くで素振りをして、ラフの芝の抵抗を確認します。高くボールを上げて止めるわけですから、ピンまでの距離に対して、それよりも大きなスイングになります。ただし、ラフだからといって、インパクトで力を入れてしまってはいけません。ラフの中にあるボールの下には空間があります。クラブヘッドがボールの下をくぐり抜けてしまい、だるま落としのようになり、距離が出ないということになりかねないのです。

そのようについ手先でスイングしてしまう状況ですが、手と上体を一体化させたボディターンがここでも基本になります。ボディターンのスイングはクラブフェースの芯でボールをヒットさせやすいので、しっかりクラブのロフト通りにボールは高く上げられるのです。ラフからのショットに力を入れる意識は不要です。むしろ、**肩の回転でスイングし、ゆったり大きくスイングするイメージ**でいいのです。

ラフからは小手先ではなく、ボディターンで振る

ラフの中にあるボールの下には空間があり、小手先だけで寄せようとすると、だるま落としになる。ボディターンで振ることでフェースの芯でヒットして、ボールに高さが生まれる

ダフリ、トップを防止する左足1本ドリル

ビギナーからアベレージゴルファーのレベルの人は、アイアンは上から打ち込むクラブだと理解していても、なかなかダウンブローに打つのは難しいようですね。アプローチショットも同じでクラブを上から落とさなくてはいけないのですが、ボールを上げたいという本能から、ついすくい上げてしまう人が多いようです。すくい上げようとボールの手前にヘッドが入ればダフリ、すくい上げて地面にヘッドが当たらず、ボールをアッパーでヒットすれば、トップというミスになってしまいます。ボールはクラブのロフトが勝手に上げてくれます。そのロフトを生かすのは、ダウンブローに打ち込むことなのです。

そこで、左足1本で立って、ボールを打つドリルをお勧めします。右足はつま先を地面に触れている程度でいいですから、その状態でボールを打ってみると、すくい上げて打つことはできず、上からダウンブローに打ち込まなくては打てないことが体感できるはずです。**すくい打ちがなかなか直らない人、アイアンショットがダウンブローに打ち込めない人は、この左足1本ドリルを一度試してみたらいかがでしょうか。**

右足はつま先が地面に触れるだけの状態で打つ

左足1本で立ってスイングすると、すくい打ちはできず、上からダウンブローにしか打ち込めない。打ち込めば、ロフトが勝手にボールを上げてくれる

目線とラインを平行にするパッティング

パッティングの基本は、自分がイメージしたラインにボールを転がせるかどうかではないでしょうか。「パットに型なし」といわれるくらい、パッティングフォームは人それぞれです。また、パターヘッドの形状や長さも個人差があります。要するに、本人が一番ストロークしやすいスタイルがベストだといえます。

私が最も気をつけている点は、**アドレスでの前傾角度**です。あまり深くしすぎて、背中が丸まってしまうと、ボールと離れた構えになるため、土台である下半身が不安定になるからです。また、ストローク軌道もブレやすく、目標に対して真っ直ぐストロークできなくなり、ミスヒットが多くなってしまいます。これを防止するには、**上体を起こし気味にして、両目がボールの真上にくるように前傾姿勢を浅くし、両目をラインと平行に合わせます。**この姿勢はラインやボールが見やすく、スムーズなストロークができるのです。

また、グリップは浅めに握って、少し吊り上げてハンドアップさせると、両手首が固定されて、ストローク軌道が安定するでしょう。

前傾姿勢を浅くして、両目をラインに合わせる

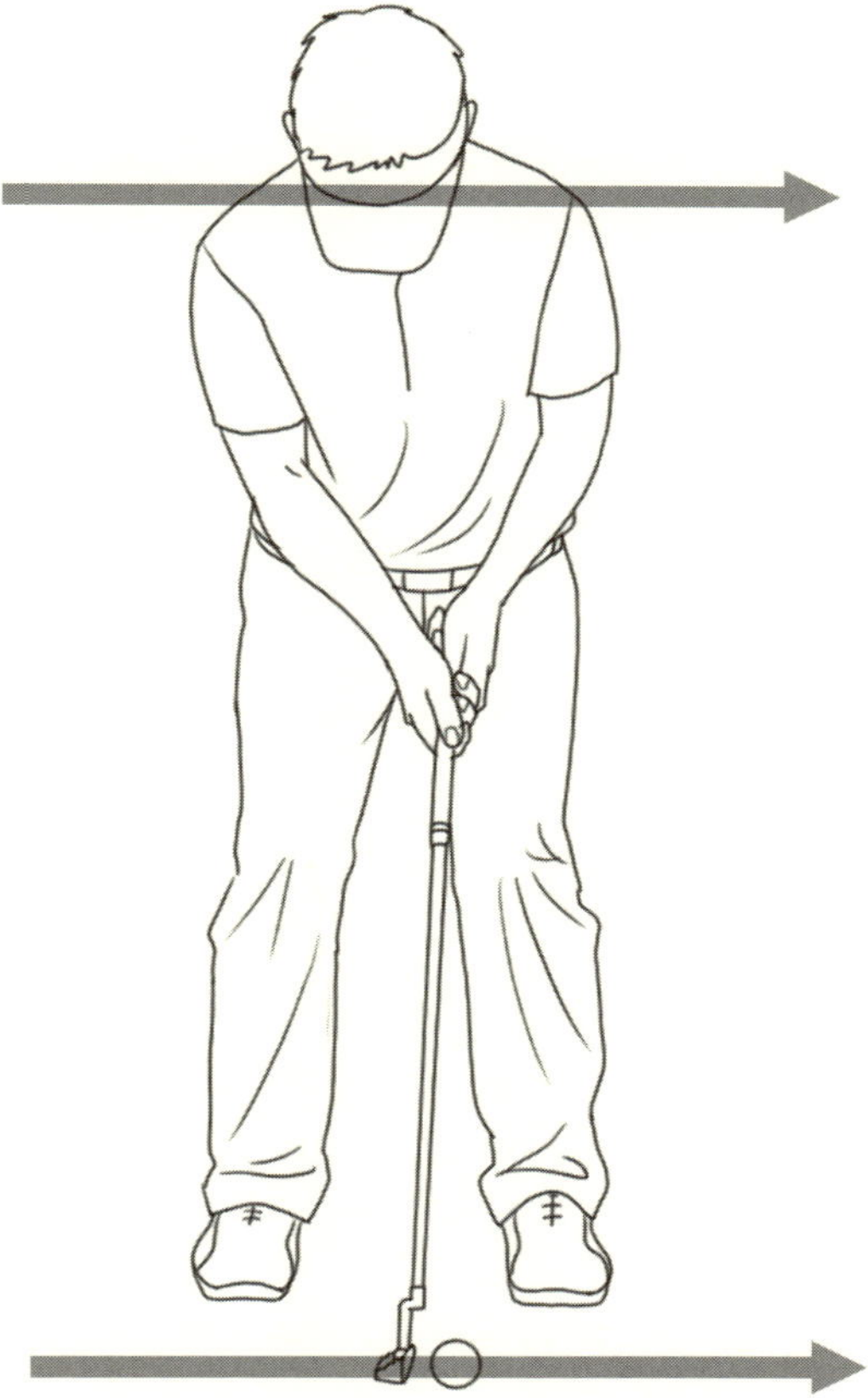

両目をボールの真上にしてその目線をラインと平行に合わせると、ボールやラインが見やすくなって、ストロークが安定する

五角形をキープして右手主体でストロークする

私のようなストローク式のパッティングスタイルは、両手首を固定して、パターヘッドをラインと平行に動かさなければいけません。ラインに沿って真っ直ぐバックスイングをし、ボールをヒットしたあとも真っ直ぐフォロースルーを出します。この基本は頭では分かっていてもいざストロークしてみると、微妙に軌道がブレてしまうという人も多いのです。パッティングストロークは、できるだけ機械的な動きが要求されます。

まず、アドレスで両ヒジを軽く曲げて、両肩、両ヒジ、グリップを結んで形成された五角形をイメージしてください。その五角形の頂点にパターがあります。**ストローク中はこの五角形を崩さないようにキープしたままパターを動かします。**首の付け根を中心にして、ショルダーストロークしている感覚が実感できるはずです。この感覚がパッティングの一番のポイントといってもいいでしょう。五角形をキープするには、両グリップの一体感が求められますが、私はフェードヒッターなので、左手よりも右手主体にしています。そのほうがストロークしやすく、距離感も合わせやすいからです。

首の付け根を中心に肩でストロークする

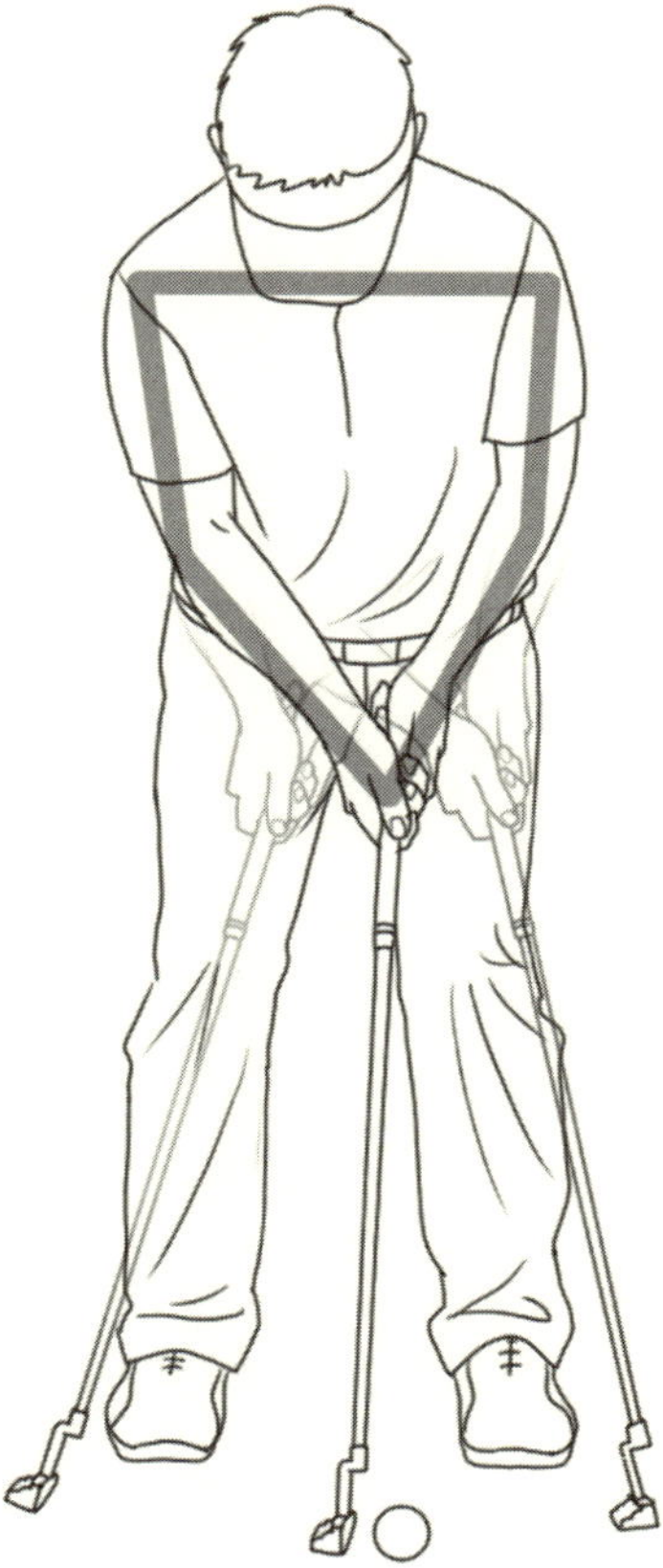

両肩、両ヒジ、グリップを結ぶ五角形をイメージして、ストローク中はこれをキープしたままパターを動かす。これで手ではなく、自然に肩の動きでストロークできるようになる

曲がるラインはスパットに集中する

　実戦のグリーン上には、様々な傾斜が存在し、ボールとカップを結んだ間の傾斜を読んで、ラインを予測しなくてはいけません。右に曲がるスライスライン、左に曲がるフックライン、あるいはフックしてスライスするようなスネークラインなど、曲がりの度合いも速さもグリーンによって異なります。それに上りや下りが組み合わさったりもしますが、**自分が思い描いたライン上にスパット（仮の目印）を決めて、その一点にボールを通過させることに集中**しなければいけません。スパットはスパイク跡でも芝の切れ端でも、何でも結構です。カップではなく、スパットを意識するのです。

　私はフェードヒッターですので、どちらかというと、スライスラインのほうがイメージしやすいですが、スライスラインで注意したいのは右への押し出しです。そのため、スライスラインではボールを少し左足寄りに置いて、わざと引っ掛けやすい構えにすることで、ボールをラインに乗せやすくすることもあります。反対にフックラインは引っ掛けを防止するため、ボールを右に寄せて、軽くハンドファースト気味に構えるようにしています。

カップではなくスパットを狙う

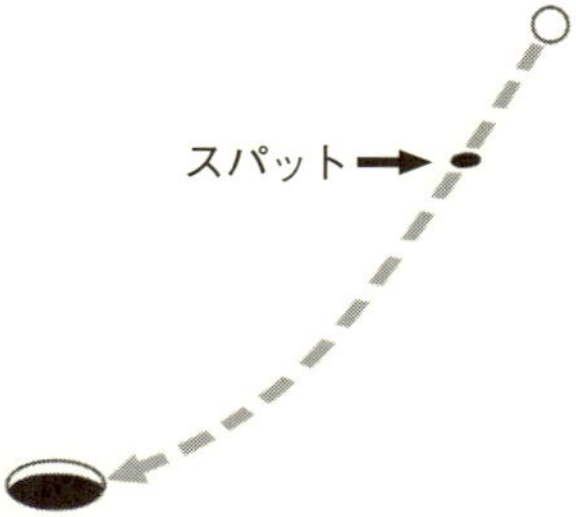

ラインをイメージしたら、自分が思い描いたライン上にスパットを設定する。意識はカップではなく、このスパットに集中させる

ロングパットは半径1メートルの円をイメージする

10メートル以上の距離のあるパットは、プロゴルファーでもなかなか一発で沈めることはできません。無理に狙いにいけば、3パットの危険性もあります。3パット以上のホールをいくつか減らすだけで、あなたのスコアは大きく変わってくるはずです。そのためにも**朝の練習グリーンでは、10メートルぐらいの距離を時間をかけて打っておくこと**です。天気やその日の芝の刈り具合でボールの転がりは微妙に変わるので、練習グリーンではカップインさせることよりも、グリーンのタッチを体と頭に叩き込んでおくことです。

実戦のラウンドでは、**カップを中心とした半径1メートル、直径にすれば2メートルと、かなり大きな円をイメージします。**上体を起こし気味にして、ボールから円までのラインを見ながら、何度か素振りをします。頭でストロークの振り幅を決めるのではなく、見た目の距離感を優先させて、振り幅をイメージさせるのです。

こうして目標を小さなカップではなく、大きな円にすることで、プレッシャーも軽減されて、楽な気持ちでスムーズにストロークできるのです。

練習グリーンでは、10メートルの距離感をつかむ

小さなカップではなく、直径2メートルの大きな円内にボールを入れることに集中すれば、プレッシャーもなくなり、スムーズなストロークができる

カップインの音を聞くまで頭を上げない

前項でレッスンしたロングパットが1メートル以内に寄っても、次のパットが入らなければ、せっかく寄せたのに意味がありません。ロングパットを確実に寄せることも大事ですが、1メートル以内のショートパットを確実に沈められるということが、それ以上にスコアメイクのポイントになってきます。

ショートパットをミスさせない注意点ですが、アドレスに入る前に、ラインやパターフェースをカップに対してスクエアに合わせやすいように、**ボールの数十センチ先にスパットを設定**します。そして両目がラインと平行になるようにアドレスします。カップが視界に入ってきそうな距離ですが、**スパットの上にボールを通過させることだけに意識を集中**させてストロークします。

これはパッティングに限らず、アプローチショットでもそうですが、カップが近くなるほど結果が気になって、ヘッドアップしてしまいます。**ボールがカップインする音がするまで、顔をカップに向けない**くらいの意識でしっかりストロークしましょう。

ショートパットでもスパットを狙う

カップまでの距離が短くなるほど、結果が気になって顔をカップに向けてしまうヘッドアップはミスヒットの元。カップインの音を聞くまで頭は上げない

少し強めに、必ずカップへ届かせる

同じパッティングでも、ロングパットは距離感を重視、ショートパットの場合は方向性が大事になります。ショートパットで一番悔しい思いをするのは、カップに届かなかったミスです。1メートル以内のパットは、距離を合わせようとすると、インパクトで加減をしてしまい、カップの手前で止まったり、カップ周りの僅かな傾斜や芝目に影響されて、転がりが変わってしまいます。

パターフェースをカップにスクエアに合わせたら、必ずカップに届かせる気持ちで、少し強めにヒットさせてください。**カップの向こう側の縁にぶつけてねじ込むくらいの気持ちでストローク**するのです。結果を気にして、インパクト前に目や顔が上がってしまうと、インパクトは緩んでしまいます。それを防ぐためにも、アドレスでラインと平行にした両目の位置を、カップインするまで絶対に動かさないと意識するのもいいでしょう。この距離でどちらに曲がるかなど考える必要はありません。強めに真っ直ぐという気持ちで臨みましょう。

ショートパットもインパクトを緩めない

1メートル以内のショートパットで距離を合わそうとすると、ショートしたり、傾斜や芝目に負けてしまう。強めに真っ直ぐ、カップの向こうの縁に当てて入れる気持ちで打つ

第4章

コースマネジメント

HIROYUKI FUJITA

ティグラウンドの右端からフェアウェイを広く使う

皆さんはティグラウンドのどこにティアップしていますか？　おそらく大半の人が漠然となんとなくティアップしているのではないでしょうか。私はティグラウンドに立ったら、スタンスがしっくりくるような平らな場所を探します。ティグラウンドは平らな場所という先入観を持たれている人も多いようですが、ティグラウンドにも微妙な傾斜があり、それがミスショットの原因になることもあるのです。

私の持ち球はフェードですから、ティアップする場所はホールロケーションにもよりますが、大抵右寄りです。そして、フェアウェイの左サイドか左のラフ辺りを狙い、アドレスに入ります。つまり、**フェアウェイの対角線を使う**のです。この狙い方はアマチュアのスライサーにも有効です。右に立ってみると、フェアウェイが広く見えて、安心感が生まれます。そこから左サイドを狙って打てば、フェアウェイに戻ってくるという計算です。仮に曲がらずに真っ直ぐ飛んだとしても、ボールは左のラフで済みます。漠然とティアップし、フェアウェイの真ん中を狙うよりも、ミスショットが最小限で抑えられるのです。

フェアウェイの対角線を利用する

フェードヒッター、スライサーはティグラウンドの右サイドに立って、フェアウェイの左に狙いを定める。ドローヒッターやフッカーは反対に左サイドに立つようにする

右サイドが危険ならば、左ラフを狙う

右サイドがOBゾーンが続くホールでは、スライス系のボールを持ち球にするゴルファーは、恐怖心が芽生えるはずです。前項でレッスンしたように、基本的にはティグラウンドの右からフェアウェイの左を狙ってスイングすればいいのです。30～40ヤードも大きくスライスする人であっても、右の危険地帯まで飛んでいくことはありません。仮に真っ直ぐ左のラフまで行ってしまっても、OBに比べたら好結果といえるはずです。

反対に左サイドが危険地帯のホールでは、スライサーの心理的プレッシャーはほとんどないでしょう。普段通りに打てば、左に曲がることはないのですから、ボールに合わせにいって手首をコネて、引っ掛けないように注意するだけです。

フェード系のゴルファーは、**左サイドに設定した仮のエリアにボールを打つことに集中力を注ぐことが大切**です。フェアウェイのセンターに意識が働くと、ボールを右に押し出して、右サイドの白杭を越えてしまう最悪の結果となります。自分の持ち球を考慮して、ミスを最小限に抑えるコースマネジメントが大事なのです。

ミスを最小限に抑えるコースマネジメントが大切

スライサーは右のＯＢゾーンが気になるところだが、思い切って左のラフ狙いに意識を集中させる。フェアウェイ狙いは右へ押し出してしまう結果につながりやすい

目線を低く取りすぎない打ち下ろしホール

打ち下ろしのホールは、フェードヒッター向きのホールといえます。自然に目線が低くなり、体重も左にかかり、スライス系のボールが出る構えになりやすいからです。

このような打ち下ろしホールの注意点は、ボールの滞空時間が長くなるため、飛距離も通常よりも出ますので、つい力んでしまうことです。ただでさえ、右に出やすい構えで力一杯振り回してしまったら、想定以上のスライスボールが出てしまいます。打ち下ろしのティショットは、下り斜面になっていることが多くランも出ますので、大振りをせずに、フェアウェイに安全に落とすようなショットが望ましいのです。

ボールが右に曲がりすぎないようにするには、**目線を低く取りすぎないこと**です。打ち下ろしでは、つい左肩が下がり、体重がいつも以上に左にかかります。すると上から鋭角的に打ち過ぎたり、極端なカット打ちになってしまいます。フラットなホールと同じように目線を通常通りにしてアドレスすることです。ティグラウンドではフェアウェイではなく、遠くに浮かぶ雲や山を見ながら、アドレスするといいでしょう。

左に体重がかかると、スライスが出やすい

打ち下ろしホールは、ボールの落下地点を見てしまうと、目線が下がり、大きくスライスしてしまうアドレスになりやすい。目線を通常通りの高さに合わせるようにする

目線を高く取らない打ち上げホール

打ち下ろしのホールがあれば、当然打ち上げのホールもあります。打ち下ろしのホールとは逆にボールの滞空時間も短く、フェアウェイに早く落ちてしまい、落下地点も上りということから、キャリーもランも出ません。少しでも飛距離を出したいのなら、高弾道のボールを打つしかない状況です。こういうホールでは、フェードヒッターの私でもフックボールを打つイメージでアドレスを作ります。

ティアップをいつもより高くして、ボールを斜め後方から見る感じで構えますが、打ち下ろしとは反対にフェアウェイを見ると、右足に自然に体重がかかりすぎて、ボールをすくい打ちしてしまう構えになりやすくなります。ボールを上げようとすると、ダウンスイングで右肩が下がったり、インパクト前に顔が目標側を向いてしまうヘッドアップにもつながり、クラブフェースが開いてしまい、イメージするフックとは逆の大きなスライスボールになる危険性もあります。ここは、**目線が高くなって極端なフックやスライスが出ないように、フラットなホールと同じ目線にならなければいけません。**

目線でもミスは生まれる

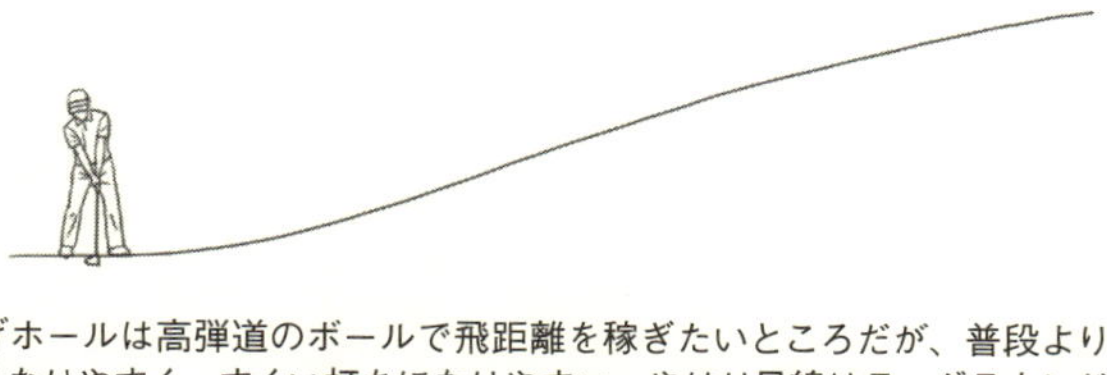

打ち上げホールは高弾道のボールで飛距離を稼ぎたいところだが、普段よりも目線が高くなりやすく、すくい打ちになりやすい。やはり目線はティグラウンドと平行にする

ボールの落ち際の風の向きを重視する

風が強く吹いている日はスコアメイクに苦労しますが、どんなに強い風が吹き荒れていても、いつも通りのスイングとリズムでプレーすることが一番のポイントです。風に負けない強いボールを打とうとすれば、スイングもリズムも崩し、ミスショットを繰り返すだけです。特に力みやすいのはアゲンストの風です。アゲンストのホールほど、打ち急がずに、フィニッシュまでリズムよく振り切ることを心がけます。逆にフォローの風は、飛ばしてやろうと欲をかくと、やはりミスの原因になります。風に乗せてやるくらいの気持ちで打てば、ボールはいつも以上の飛距離が出るのです。

サイドからの風は、風を利用することを考えます。球筋がフェード系なら、左から右の風は順風になり、キャリーが伸びて、曲がりも大きくなります。右からの風はキャリーは落ちますが、曲がりはほとんどありません。そのあたりを計算して狙い場所と番手を決めましょう。また、**風は打つ場所よりもボールの勢いがなくなる落下地点で影響を受けますので、ピンフラッグや遠くの木の揺れをチェックすること**です。

風に逆らわないコースマネジメントをする

ボールを打つ場所よりもボールの勢いが落ちる場所の風向きを優先させる。遠くの木の枝やピンフラッグの揺れをチェックすること

風が強いときにはパンチショット

風が強く吹いていて、ボールがどこに飛んでいくのか、距離も方向も予測できないような日もあるでしょう。特にボールが高く上がりやすいミドルアイアン以下のクラブになると、目標設定もクラブ選択も考えてしまいます。そんなときは、できるだけ風の影響を受けない低弾道のボールを打ちたいところです。そのような状況では、スイングをコンパクトに抑え、フォロースルーを低く止めた**パンチショットが威力を発揮**します。

アドレスでのボールの位置は、通常よりも1～2個分右足寄りにセットするだけです。トップをいつもより浅く抑えて、ボールを上からヒットして、フォロースルーでクラブヘッドは低く出しますが、**気持ちはインパクトでスイングは終わりというイメージ**です。

ボールを上から打ち込むというのは、しっかりインパクトするということで、力一杯鋭角的に打ち込むことではありません。インパクトが強すぎると、思いとは逆にバックスピンがかかりすぎてしまい、ボールが高く舞い上がってしまい、風の餌食になってしまうので注意しましょう。

インパクトでスイングは終わりのイメージ

風の影響が強く、距離も方向性も予測できないときは、コンパクトなスイングから低い弾道のボールのパンチショットが効果的だ

大きめな番手でゆったりスイングする

ピンをデッドに狙うアイアンショットでは、方向性の狂いを最小限に抑えるのはもちろんですが、同時に距離感もまた正確さが要求されます。そこでポイントになるのが、状況に応じたクラブ選択ができているかどうかです。

アマチュアゴルファーの多くは、残り距離に対してぴったりフルショットの番手を選んでいるように思います。たとえば、ピンまで１５０ヤードというシチュエーションで、７番アイアンのフルショットでぴったりというホールがあるとします。ピンはグリーンのセンターです。グリーンの大きさは小さくても手前から奥まで30ヤードはあるものです。つまり、手前のグリーンエッジまでは約１３５ヤード、グリーンの一番奥では１６５ヤードということになります。大抵の人は当然7番アイアンを選ぶことでしょう。

１００パーセントのフルショットがぴったりとピンそばに寄る確率とはどれくらいでしょうか？　アベレージゴルファーのレベルでは、おそらく10回打って１回寄れば大したものです。フルショットでぴったりという番手は、わずかでも打ち損じたら、必然的にショートします。**アマチュアのアイアンショットのミスはオーバーよりもショートするほうが、圧倒的に多い**のです。

結局、ピンまでぴったりという番手は、残り距離よりも短めの番手を選んだにすぎず、ベストショットを打たない限り、ピンまで届かないということになります。ということで、プレッシャーを自分自身に与えるクラブチョイスに結果的になってしまっているのです。飛距離を出そうとすれば、当然力んでしまうはずです。そうなると、結果は火を見るより明らかで、飛距離だけではなく方向性も狂ってしまいます。最悪の場合はザックリという結果で終わり、飛距離数ヤードということだってあります。

このように、ピンまでぴったりの番手を選ぶということは、余裕のないクラブ選択をしたことになります。アイアンショットに限らず、**ゴルフスイングは80パーセントくらいのゆったりしたスイングが好結果をもたらします。**１００パーセントのフルスイングというのは、力むだけでなく、スイング自体も普段よりも速くなってしまいます。アマチュアのミスの原因を突き詰めると、ほとんどが力の入り過ぎか、スイングが速すぎるということになります。パー3ホールなどで、同伴者が選んだ番手に対抗するような見栄は不要です。無理せず十分届く大きめな番手で、安心感を持ってリズムよくスイングすることです。

ピンポジションによって、攻め方を変える

ピンをデッドに狙っていく場合、ピンポジションによって、安心感を持って打てるケースと、なんとなくプレッシャーを感じてしまう状況があります。フェード系を持ち球にしている私は、ピンがグリーンの右サイドに立っている状況なら、グリーンが広く使えるので、比較的気楽に打つことができます。グリーンのセンターからフェードさせれば、ピンの近くに落とせますし、仮に曲がらずに真っ直ぐ飛んでしまったとしても、グリーンのセンターに止まってくれます。

反対に左サイドに立っていたら、私はプロですから、普段とは違うドロー系のボールを打つこともありますが、ピンの手前にバンカーや池などの障害物があれば、グリーンのセンターを狙い、少し打ち損じても絶対にハザードに入れないような安全策に徹します。何も障害物がなければ、左サイドのグリーンエッジからフェードさせて、ピン近くに落とすという打ち方をします。**いつもピンを攻撃的に狙うのではなく、こうしてピンポジションによって、攻めと守りにメリハリをつけることがスコアメイクにつながるのです。**

ピンの位置によって、ショットにメリハリをつける

ピンポジションが右サイドなら、グリーンセンターから右に曲がるボールを打つ。曲がらなくてもセンターに乗る計算だ。左サイドの場合、手前にハザードがあれば、安全にセンター狙いをする

100ヤード以内のショットもボディターンで打つ

グリーンまで100ヤード圏内という状況では、レベルを問わずに確実にグリーンオンさせておきたいものです。使用するクラブは当然ショートアイアンですので、ロフトも多く、ボールを捕まえやすいという特性を持ち合わせています。こすって右に曲げてしまう危険性はないクラブですが、左に巻き込んでフックしやすいクラブでもあります。特に腰の回転が止まり、両手を返してしまうと、大きく左に曲がってしまいます。

それを防ぐために、オープンスタンスをとり、スライスボールを打つイメージでスイングをして、左への引っ掛けに対する不安を取り除くのです。ドライバーショットのように飛距離を出すスイングでは、肩や腰のターンも大きいですが、100ヤード以内のショットでもスイングはゆったりしているとはいえ、**同じように体の回転で打つ意識**が大事です。小さくゆったりしたスイングになるほど、小手先でコントロールしたくなるものですが、そんなタイプのゴルファーは、グリーンが近くなるほど、ボディターンを意識することです。

また、ショートアイアンを持ったときは、アドレスでクラブフェースを被せず、スクエアに合わせます。ピンまでの距離が近くなるほど、狙うエリアの範囲が狭まって、点で狙うイメージが強くなります。ボールを真上からデッドに落としていく感覚になりますので、クラブフェースは逆に開き気味にして、ランを抑えるようにするといいでしょう。

体の回転で打つという意味では、**ドライバーからショートアイアンまで、スイングイメージはひとつ**といえるでしょう。むしろ、そう考えたほうが、スイング作りをしやすいですし、スイングリズムも一定になりやすいというメリットもあります。なかには、使用するクラブやコース状況によって、球筋やスイングイメージを変えるというタイプのゴルファーもいますが、それはかなりキャリアを積んだ練習量が多い人か、優れたゴルフセンスを持たれた人ではないでしょうか。

コースに出る回数も練習量にも制限があるという大半のアマチュアゴルファーの場合、ドライバーショットからショートアイアンまで、もっと極端にいえば、ショートアプローチやパッティングまで同じスイングイメージ、同じスイングリズムというように、ゴルフをシンプルにとらえたほうが上達は早いと思います。

打ち下ろし、打ち上げのパー3のクラブチョイス

アマチュアゴルファーが最もパー、あるいはバーディが取れるホールはパー3ホールではないでしょうか。いくつものショットをつないでいくパー5のホールとは違い、ナイスショット一発でオンさせることができれば、その確率は高いからです。だからといって、パー3ホールが簡単というわけでなく、特に打ち下ろし、打ち上げのホールでは距離感が難しく、クラブ選択がカギとなります。

打ち下ろしのホールでは、ボールの滞空時間が長く、飛距離も予測以上に出てしまい、グリーンをオーバーし、打ち上げホールでは逆に早くボールが落ちて、ショートという結果が多いかと思います。通常7番アイアンで打つヤード表示ならば、打ち下ろしではティグラウンドとグリーンの高低差から判断して、8～9番といった短い番手を選びます。また、**グリーン奥はトラブルゾーンが多いので、ピンの手前、あるいは花道でもいいつもりで打つこと**です。打ち上げでは6～7番などの大きめな番手で打ちますが、グリーン手前にハザードがある場合は、確実にピンに届く余裕のある番手を選ぶことです。

高低差によって番手の足し算、引き算をする

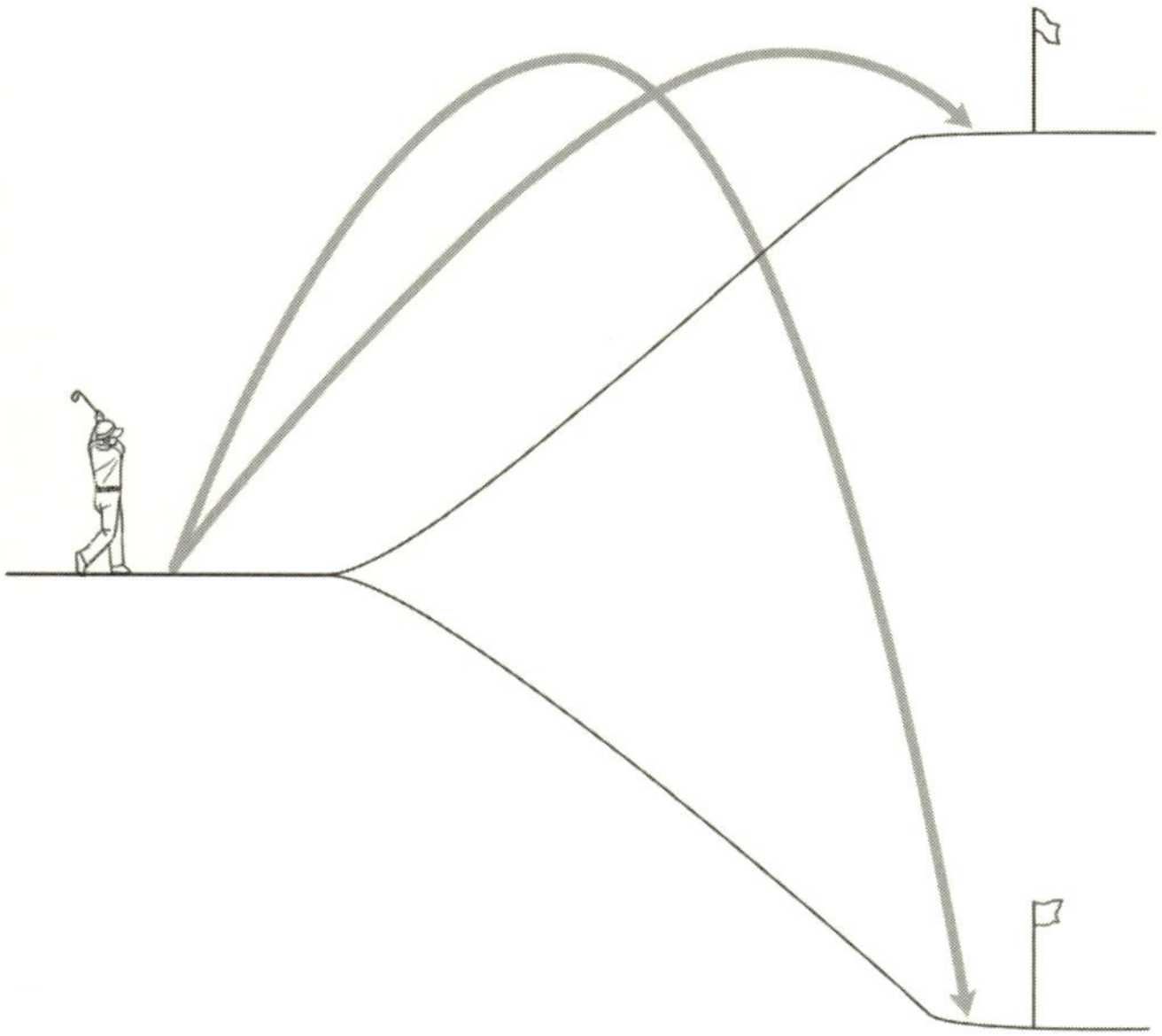

クラブ選択の目安としては、10ヤード打ち下ろしていれば、一番手下げて、10ヤード打ち上げていれば、一番手上げるようにする

飛距離に合った目標設定をするドッグレッグホール

18ホールの中には、左右に曲がるドッグレッグホールが1～2ホールはあります。ティグラウンドからフェアウェイを見ると、心理的プレッシャーを与えるのが、このドッグレッグではないでしょうか？　私のようなフェードヒッターはコースなりに打てる右ドッグレッグが、安心感を持ってショットに臨めます。反対に左ドッグレッグは、球筋とマッチしないため、なんとなく打ちにくさを感じます。

アグレッシブに攻めていくにしても、安全に打っていくにしても、自分の球筋と飛距離に合わせていくことが、ドッグレッグホールの攻略法になります。左右どちらに曲がっていくドッグレッグにしても、最短距離を狙えるコーナーの内側に池、バンカー、林、ＯＢゾーンなどのトラブルゾーンがあるのが一般的なため、遠回りになる反対側のコーナー狙いが安全策のセオリーとよくいわれますが、次打の距離が残ってしまいます。危険を犯して最短距離を狙ってリスキーなショットを打つか、距離は残るが安全策か、これを決めるためには**ご自身の球筋と飛距離の把握がポイント**なのです。

ドッグレッグは遠回りに打つと、ケガは少ない

コーナーの内側を狙えば、最短距離だがトラブルゾーンが待ち受けている。反対のコーナーからは次のショットで長い距離が残るのがドッグレッグホールだ

ラウンド中は自分の影でスイングチェックする

自分のイメージ通りの球筋が出ない、あるいは同じようなミスショットが連続して出る日というのがあるはずです。ラウンド中にはスイングチェックや修正はなかなかできませんが、そんなとき、私は自分の影を見るようにしています。

これは晴れているときにしかできないチェック法ですが、太陽を背にしてゆっくり素振りをします。スイング全体のバランス、肩や腰の回転、リズム、スイング軸のブレ、スエーなど、確認事項はいくらでも見えてきます。

曇天で影が利用できなければ、水平にバットスイングをしてみたり、素早くハーフスイングを繰り返したり、2本のクラブを持ってゆったりスイングするなんてこともいいでしょう。**ラウンド中の突然のミスショットに何も対応する手段がないというのはいけません。**それをすぐに矯正、修正してくれる自分なりの練習法、修正法をいくつか持っていなくてはいけません。大抵のミスの原因は、素振りよりも力が入っているか、速くなっていることが原因ですので、それを修正できるベストなチェック法を見つけましょう。

自分の影で修正点が見えてくる

ラウンド中にミスが連続したり、イメージ通りのボールが出ないときは、自分の影を見ながら素振りをすると、全体のバランスからリズムまで、いろいろなものが確認できる

おわりに

43歳にして、2012年賞金王というビッグタイトルを頂き、本人が一番驚いております。ツアーの中でも小柄な部類に入り、パワーヒッターでもない私が、20代の活きのいいゴルファーを抑えてのタイトルだけに、「アラフォー世代の鑑《かがみ》」、「中年の希望の星」などと、マスコミに書かれてから、同世代の声援をたくさん貰うようになりました。

「40歳を過ぎて、何が変わったのですか?」という質問が一番多いのですが、もちろん、若いときに比べれば、パワーもスピードも衰えているのは事実です。それを克服するためにも、若いときにはあまりしなかったウェートトレーニングもするようになり、クラブやボールという道具の進化のおかげもあり、20代の頃よりも飛距離が伸びたことも、この年齢にしてまだ第一線の場で活躍できている理由ではないかと思います。また、長くプレーしている分だけ失敗もたくさんしてきたので、若い頃には感じなかったゴルフの怖さも、最近わかるようになってきました。このような経験もまた一因かと思います。

ゴルフはナイスショットをどれだけ打てるかよりも、いかにミスをしないかのほうが比重が大きいスポーツです。そのミスをしないための技術、考え方などをこの本にまとめてみました。

アマチュアゴルファーの皆さんは、それぞれ異なった目標があるはずです。100を切りたいという人もいれば、シングルプレーヤーになりたいという人も多いことでしょう。もっと飛距離が欲しいという人もたくさんいるかと思います。ゴルフは向上心がなくなれば、進歩はそこでストップしてしまいます。その向上心の手助けにこの本がなればと思っております。

今回、主婦の友社さんからレッスン書の依頼があり、そんなゴルファー達のために、少しでも役立てばと執筆しましたが、皆さんのレベルアップの一助になれば幸いです。私はといえば、賞金王を獲得したからといって、これで目標達成ではありません。おかげで世界のメジャーの場でも戦えるようになりましたし、まだまだレベルアップしなくてはいけないと思っています。今後ともどうか応援、よろしくお願いいたします。

藤田　寛之

【著　者】
藤田　寛之（ふじた　ひろゆき）
1969年生まれ。福岡県福岡市出身。高校1年からゴルフを始め、香椎高校3年の時、日本ジュニアゴルフ選手権で4位に入る（優勝は丸山茂樹）。専修大学時代にプロ転向を表明。大学時代は丸山らの陰に隠れた存在で、プロ入り当初も注目度は高くなかった。しかしプロ入りから5年目、サントリーオープン（1997年）でジャンボ尾崎の猛追をかわして初優勝してからトッププロへとステップアップしていった。体も小柄（168cm、70kg）ながらアプローチ、パットなど精緻な小技でゴルフを組み立て、2001年から11年連続で年間獲得賞金が5000万円を超え、賞金ランクも11年連続で20位以内と安定した強さを誇っている。しかも年を重ねるごとに懸案だったドライバーの飛距離も伸びている「アラフォーの星」。2012年は賞金王を獲得。ツアー15勝（平成25年8月現在）。葛城ゴルフ倶楽部所属。

【STAFF】
構成／坂本静児
写真・取材協力／芹沢インターナショナル
イラスト／鈴木真紀夫
DTP／福田工芸株式会社
協力／葛城ゴルフ倶楽部
装丁・本文デザイン・編集／株式会社菊池企画
企画プロデュース／菊池 真
編集デスク／佐々木亮虎（主婦の友社）

藤田寛之《ふじたひろゆき》 上手《うま》いゴルフ　賢《かしこ》いゴルフ

平成25年10月31日　第1刷発行

著　者　藤田寛之《ふじたひろゆき》
発行者　荻野善之
発行所　株式会社 主婦の友社
〒101-8911　東京都千代田区神田駿河台2-9
電話 03-5280-7537（編集）
03-5280-7551（販売）
印刷所　大日本印刷株式会社
 ISBN978-4-07-291144-0